칸쵸니에레

* 이 시집은 주한 이탈리아 문화원의 후원 기금을 받았습니다.
La pubblicazione di questa antologia e' stata resa possibile grazie al contributo dell'Istituto Italiano di Cultura in Seoul.

칸초니에레

프란체스코 페트라르카
•
김효신 외 옮김

민음사

프란체스코 페트라르카 (1304~1374)

1

그대 들어보구려, 흩어진 시구로 이루어진 그 소리, 그 한탄
나 그 안에서 마음의 자양분 취하고
내 젊은 날의 첫 실수 위에
지금의 나와는 사뭇 달랐던 그때,

내가 울며 생각에 잠겼던 다양한 시 속에서
헛된 희망과 고통 사이를 헤매며,
시련을 통해 사랑을 알게 되는 누군가 있다면,
바라건대 용서뿐 아니라 연민까지도 얻으리.

이제야 나는 알게 되었네
사람들에게 오래도록 조소거리였음을
가끔은 스스로 부끄러워진다네.

내 철부지 같은 사랑 행각은 수치심이요, 뉘우침이니,
분명코 깨달은 바는
세상 사람들이 그토록 좋다 하는 연애가 한낱 꿈에 불과한 것을.

2

그녀에게 우아한 복수를 하려 하네,
어느 날엔가 숱한 사랑의 모독에 앙갚음하려고,

1

Voi ch'ascoltate in rime sparse il suono
di quei sospiri ond'io nudriva 'l core
in sul mio primo giovenile errore
quand'era in parte altr'uom da quel ch'i' sono,

del vario stile in ch'io piango et ragiono
fra le vane speranze e 'l van dolore,
ove sia chi per prova intenda amore,
spero trovar pietà, nonché perdono.

Ma ben veggio or sí come al popol tutto
favola fui gran tempo, onde sovente
di me medesmo meco mi vergogno;

et del mio vaneggiar vergogna è 'l frutto,
e 'l pentersi, e 'l conoscer chiaramente
che quanto piace al mondo è breve sogno.

2

Per fare una leggiadra sua vendetta,
et punire in un dí ben mille offese,

남몰래 사랑[1]의 화살을 당겼다네,
때와 장소를 기다려 상처를 주기 위해.

내 온 힘을 마음에 모아
내 마음과 눈에서 그녀를 몰아내었지,
온갖 화살 꽂힌 이 가슴
죽음의 충격으로 철렁 내려앉았네.

허나 첫 공격에 당혹하여,
공격의 무기를 잡을 수도 있었을 것을
그만 허공에 나뒹굴고 말았지,

닿기 힘든 저 높은 산정(山頂)으로
간신히 피할 수만 있었다면
오늘 나의 고통이 덜할 수도 있었으련만, 아무 소용 없었네.

3

창조주의 고통에 연민을 느끼며
태양이 제 빛을 잃어버린 날,
여인이여, 그날 나는 그대의 아름다운 눈에 사로잡혀,
도저히 그대에게 눈을 둘 수 없었지.

---

1) 페트라르카의 라우라에 대한 사랑. 이하 원문에서 대문자로 구분한 경우는 모두 고딕체로 표기.

celatamente Amor l'arco riprese,

come huom ch'a nocer luogo et tempo aspetta.

Era la mia virtute al cor ristretta

per far ivi et negli occhi sue difese,

quando 'l colpo mortal là giú discese

ove solea spuntarsi ogni saetta.

Però, turbata nel primiero assalto,

non ebbe tanto né vigor né spazio

che potesse al bisogno prender l'arme,

overo al poggio faticoso et alto

ritrarmi accortamente da lo strazio

del quale oggi vorrebbe, et non pò, aitarme.

3

Era il giorno ch'al sol si scoloraro

per la pietà del suo factore i rai,

quando i' fui preso, et non me ne guardai,

ché i be' vostr'occhi, donna, mi legaro.

사랑의 공격에 방어할 시간조차 없는 듯하였으나
나는 내 길을 두려움 없이 갔다네
나의 모든 불행도
누구나 그러하듯 근심 속에서 비롯되었다네.

사랑은 무방비인 나를 찾아내고
내 가슴에 이르는 길을 보았다네,
온통 눈물바다가 된 이 두 눈을 통하여.

허나 내가 보기에는 아무런 명예도 아닌 듯하였네
그[2]가 화살로 나를 상처 입힌 것이,
무장한 그대에게 그 화살은 보이지도 않았던 것을.

4

무한한 섭리와 능력을
놀라운 솜씨로 보여주신 그분,
세계의 이편과 저편을 만들고,
군신[3]보다 더 온화한 목신[4]도 창조하셨지,

그토록 오래 감춰졌던 진리의

---
2) 사랑의 신 에로스를 지칭.
3) 아레스.
4) 제우스.

Tempo non mi parea da far riparo
contra colpi d'Amor: però m'andai
secur, senza sospetto; onde i miei guai
nel commune dolor s'incominciaro.

Trovommi Amor del tutto disarmato
et aperta la via per gli occhi al core,
che di lagrime son fatti uscio et varco:

però al mio parer non li fu honore
ferir me de saetta in quello stato,
a voi armata non mostrar pur l'arco.

4

Que' ch'infinita providentia et arte
mostrò nel suo mirabil magistero,
che crïò questo et quell'altro hemispero,
et mansüeto piú Giove che Marte,

vegnendo in terra a 'lluminar le carte

성서를 밝히고자 지상으로 내려와,
베드로와 요한을 어부에서 취해,
천상 왕국의 일꾼으로 삼으셨네.

예수께서 영광의 로마가 아닌 유대에서 태어나신 것은,
무엇보다도, 그분을 기쁘게 하여
겸손함을 찬양함이니.

보잘것없는 마을[5]에 태양을 주셨으니,
우리는 삼라만상에 감사할 따름이네
바로 이 땅에 저리도 아름다운 여인이 태어났음을.

5

내 탄식으로 가득 차 그대를 부를 때,
그 이름 내 가슴에 사랑을 새겨놓았네,
달콤한 어조의 첫 울림은
찬양[6]으로 시작하네.

이어 마주친 그대의 기품 있는 태도는,

---

5) 라우라가 태어난 곳 코몽.
6) '찬양하다'라는 뜻을 가진 'laudare'의 첫 소리가 라우라의 이름과 같기 때문에 페트라르카는 의도적으로 라우라의 이름을 상기시키는 동시에 그녀의 이름을 찬양하는 이중적인 의미를 부여한 것임.

ch'avean molt'anni già celato il vero,
tolse Giovanni da la rete et Piero,
et nel regno del ciel fece lor parte.

Di sé nascendo a Roma non fe' gratia,
a Giudea sí, tanto sovr'ogni stato
humiltate exaltar sempre gli piacque;

ed or di picciol borgo un sol n'à dato,
tal che natura e 'l luogo si ringratia
onde sí bella donna al mondo nacque.

5

Quando io movo i sospiri a chiamar voi,
e 'l nome che nel cor mi scrisse Amore,
LAUdando s'incomincia udir di fore
il suon de' primi dolci accenti suoi.

Vostro stato REal, che 'ncontro poi,

내 고상한 일에 가치를 더해 주지만.
라우레타[7]의 마지막 이름자 외에는 아무 말도 외칠 수 없어[8]
예우를 차림은 내 것이 아닌 뭇 기사들의 몫이라네.

그들이 그대를 부를 때마다
찬양하고 숭배하라고 사랑은 가르치네,
오, 모든 칭송과 명예는 그대에게.

아폴론의 경멸을 면할 수 있을는가
곧 사라질 인간의 언어로 그리도 뻔뻔스레
신의 영원한 푸른 가지[9]를 이야기하다니.

6

헤매던 내 광기 어린 욕망은
달아나려고만 하는 그녀를 쫓아가지만,
나를 사랑의 올가미 뒤에 남겨둔 채
그녀는 사뿐히 훨훨 날아가 버리네.

돌이켜 안전한 길로 애써 보내보지만

---

7) 라우라의 애칭.
8) 라우레타의 마지막 이름자는 'ta'로서 taci의 첫소리를 암시. taci는 '입 다물라'라
 는 표현.
9) 월계수를 지칭.

raddoppia a l'alta impresa il mio valore;
ma: TAci, grida il fin, ché farle honore
è d'altri homeri soma che da' tuoi.

Cosí LAUdare et REVerire insegna
la voce stessa, pur ch'altri vi chiami,
o d'ogni reverenza et d'onor degna:

se non che forse Apollo si disdegna
ch'a parlar de' suoi sempre verdi rami
lingua mortal presumptüosa vegna.

6

Sí travïato è 'l folle mi' desio
a seguitar costei che 'n fuga è volta,
et de' lacci d'Amor leggiera et sciolta
vola dinanzi al lento correr mio,

che quanto richiamando piú l'envio

내 사랑은 허공을 맴돌 뿐.
재촉하려 해도, 되돌리려 해도 아무 소용 없어,
사랑은 본시 외곬인걸.

도무지 맥 못 추고,
나 사랑의 노예가 되어,
죽음으로 내몰리누나.

월계수[10]에 이르러봤자 쓴 열매뿐
위로가 아닌
괴로움만 맛보게 한다네.

7

식욕과 졸음, 태만함의 깃털 베개
모든 덕행을 세상에서 몰아내니,
습관에 굴복한 우리네 본성은
제 갈 길을 잃어버렸네.

헬리콘[11]에서 물줄기를 끌어오려 했던 이
훌륭하다 일컬어지던 우리네 삶을,
일깨워 주는

---

10) 연인 라우라를 가리킴.
11) 헬리콘 산. 뮤즈 아홉 여신이 즐겨 나타나는 곳으로 고전문학에서 많이 인용되었음.

per la secura strada, men m'ascolta:
né mi vale spronarlo, o dargli volta,
ch'Amor per sua natura il fa restio.

Et poi che 'l fren per forza a sé raccoglie,
i' mi rimango in signoria di lui,
che mal mio grado a morte mi trasporta:

sol per venir al lauro onde si coglie
acerbo frutto, che le piaghe altrui
gustando afflige piú che non conforta.

7

La gola e 'l somno et l'otïose piume
ànno del mondo ogni vertú sbandita,
ond'è dal corso suo quasi smarrita
nostra natura vinta dal costume;

et è sí spento ogni benigno lume
del ciel, per cui s'informa humana vita,
che per cosa mirabile s'addita

천상의 빛조차 스러졌다네.

무엇이 월계수의 열망이며, 은매화[12]의 열망인가?
가난하고 벌거벗은 채 가는 철학이여,[13]
비루한 돈벌이에만 급급한 군중은 말 삼는다네.

그대, 달리 어디서도 친구를 얻지 못하리니.
청컨대 숭고한 영혼이여,
부디 그대의 고귀한 임무를 저버리지 마소서.

8

아름다운 의상으로 지상의 모습들을
처음으로 수놓았던 고향의 그 언덕 발치에서
흐느끼며 깨어나곤 했던 그 여인
이제 우리[14]를 자네[15]에게 보내고 있네,

모든 피조물이 갈망하는 평화와 자유 속에서
우리의 여정에 해로운 무엇인가를,
발견하게 되리라는 두려움도 없이

---

12) 고상한 문학을 상징.
13) 군중이 철학을 가난한 학문이라고 여겨 하는 말.
14) 라우라의 덫에 걸린 동물들을 일인칭 복수로 의인화함. 여기서 동물들은 라우라의 미색에 빠져버린 뭇 남성들의 상징일 수 있음.
15) 페트라르카의 친구로 누구인지는 밝히고 있지 않음.

chi vòl far d'Elicona nascer fiume.

Qual vaghezza di lauro, qual di mirto?
Povera et nuda vai philosophia,
dice la turba al vil guadagno intesa.

Pochi compagni avrai per l'altra via:
tanto ti prego piú, gentile spirto,
non lassar la magnanima tua impresa.

8

A pie' de' colli ove la bella vesta
prese de le terrene membra pria
la donna che colui ch'a te ne 'nvia
spesso dal somno lagrimando desta,

libere in pace passavam per questa
vita mortal, ch'ogni animal desia,
senza sospetto di trovar fra via

이 유한한 운명을 헤쳐나가곤 했네.

그러나 우리는 평온했던 삶에서
참담한 지경에 놓였고,
죽음에 이르러서야 비로소 위안을 얻었네.

그것은 우리를 잡아간 이에게 내려진 복수라네,
그는 거역할 수 없는 힘에 사로잡혀
끝내 거대한 사슬[16]에 묶였다네.

9

시간을 알리는 항성[17]이 황소자리와 더불어
다시금 가정을 이루고자 돌아가는 때,
황소의 불타는 뿔에서 봄의 미덕[18]이 쏟아져 내리고
온 누리는 새롭게 채색되네.

우리 앞에 펼쳐져 있는,
제방과 언덕을, 꽃으로 수놓고,
아직 빛이 스며들지 못한 감춰진 생명들에게
대지의 자양분으로 물오르게 하는 봄,

---

16) 단테의 「신곡」 지옥편 5곡에 나오는 '죽음의 사슬'을 의미.
17) 태양.
18) 봄기운. 즉 봄의 따스함과 눈부신 햇살을 지칭.

cosa ch'al nost'andar fosse molesta.

Ma del misero stato ove noi semo
condotte da la vita altra serena
un sol conforto, et de la morte, avemo:

che vendetta è di lui ch'a ciò ne mena,
lo qual in forza altrui presso a l'extremo
riman legato con maggior catena.

9

Quando 'l pianeta che distingue l'ore
ad albergar col Tauro si ritorna,
cade vertú da l'infiammate corna
che veste il mondo di novel colore;

et non pur quel che s'apre a noi di fore,
le rive e i colli, di fioretti adorna,
ma dentro dove già mai non s'aggiorna
gravido fa di sé il terrestro humore,

나는 하릴없이 봄 버섯과 시를 거둬들이네.
뭇 여인들 가운데 태양인 그녀가,
초롱초롱한 눈망울로

내 안에 사랑의 생각과 행동과 말을 불러일으켰지.
그녀가 나를 봄기운으로 채우려 하지만,
나에게 봄날은 결코 오지 않으리.

10

우리가 희망을 걸고 있는 위대한 콜론나[19]여
그대는 로마의 영예를 드높였네,
폭풍[20] 같은 제우스[21]의 분노조차도
그대를 참된 길에서 벗어나게 하지는 못했지,

이제 궁전, 극장, 회랑조차 여기에 없고,
전나무, 너도밤나무, 소나무만 한 그루씩,
푸른 풀밭과 산허리께 서 있는데,
우린 그 길을 시심(詩心)에 잠겨 오르내리네.

---

19) 당시 친구였던 자코모 콜론나 추기경의 아버지인 스테파노 콜론나 일 베키오를 가리킴.
20) 당시 로마의 내분을 지칭.
21) 보니파키우스 8세.

onde tal fructo et simile si colga:
così costei, ch'è tra le donne un sole,
in me movendo de' begli occhi i rai

crïa d'amor penseri, atti et parole;
ma come ch'ella gli governi o volga,
primavera per me pur non è mai.

10

Glorïosa columna in cui s'appoggia
nostra speranza e 'l gran nome latino,
ch'ancor non torse del vero camino
l'ira di Giove per ventosa pioggia,

qui non palazzi, non theatro o loggia,
ma 'n lor vece un abete, un faggio, un pino,
tra l'erba verde e 'l bel monte vicino,
onde si scende poetando et poggia,

땅에서 하늘까지 우리네 지성을 고양시키려고.
그 나무 그늘 아래 밤 꾀꼬리 있어
감미롭고도 슬픈 눈물 밤새 한탄하며 흘리고,

사랑의 상념으로 온 가슴을 짓누르나니.
허나 진실한 마음의 결단은, 미완으로 끝나고,
콜론나는, 주여, 우리로부터 멀어져 있구나.

11

햇살 아래서나 그늘에서나,
여인이여, 그대 베일 걷은 모습[22] 본 적이 없네
마음속 숱한 욕망 무력해질 만큼
그토록 숭고한 내 소망 들켜버린 이래.

열망으로 숨 멎을 듯한,
사랑의 상념들 남몰래 감추는 동안,
연민으로 더욱 빛나는 그대 얼굴 보았네.
허나 내 사랑이 그대를 일깨우기에,
금발은 순간 베일 속으로 사라지고,
그대의 애정 어린 눈길도 그 속에 갇히고 말았네.
그대 안에서 내가 너무도 갈망했던 것 이제는 사라졌으니.

---
22) 가식이나 위선을 벗어버린 인간 본연의 모습.

levan di terra al ciel nostr'intellecto;
e 'l rosigniuol che dolcemente all'ombra
tutte le notti si lamenta et piagne,

d'amorosi penseri il cor ne 'ngombra:
ma tanto ben sol tronchi, et fai imperfecto,
tu che da noi, signor mio, ti scompagne.

11

Lassare il velo o per sole o per ombra,
donna, non vi vid'io
poi che in me conosceste il gran desio
ch'ogni altra voglia d'entr'al cor mi sgombra.

Mentr'io portava i be' pensier' celati,
ch'ànno la mente desïando morta,
vidivi di pietate ornare il volto;
ma poi ch'Amor di me vi fece accorta,
fuor i biondi capelli allor velati,
et l'amoroso sguardo in sé raccolto.
Quel ch'i' piú desïava in voi m'è tolto:

나를 지배하는 베일[23]이 되어
더울 때나 추울 때나 죽음의 순간까지,
그대 아름다운 눈의 달콤한 빛을 가리네.

12

모진 고통을 견뎌온 내 삶이
갖은 고난을 무릅쓰고 나를 위해 싸워준다면,
사랑스러운 그대의 눈빛을 볼 수 있을 텐데,
여인이여, 요즘 들어 그 광채를 잃고 말았구나,

그대의 멋진 금발에도 어느덧 회색빛 내리고,
꽃다발과 녹색 옷[24] 버리는 것 보았네,
내 온갖 불행에 그대 얼굴은 창백해졌고
소심해진 나는 활기를 잃고 슬픔에 빠졌네.

사랑은 나를 담대하게 만들어
여러 해, 여러 날, 여러 시간의 내 고통을
그대에게 털어놓게 하겠지.

달콤한 내 바람과 어긋나게 흘러가는 시간[25]일지라도,

---

23) 영원하기보다는 좀 더 순간적인 힘을 의미.
24) 젊은이들의 옷.
25) '때 이른 죽음'을 의미.

sí mi governa il velo
che per mia morte, et al caldo et al gielo,
de' be' vostr'occhi il dolce lume adombra.

12

Se la mia vita da l'aspro tormento
si può tanto schermire, et dagli affanni,
ch'i' veggia per vertú degli ultimi anni,
donna, de' be' vostr'occhi il lume spento,

e i cape' d'oro fin farsi d'argento,
et lassar le ghirlande e i verdi panni,
e 'l viso scolorir che ne' miei danni
a ·llamentar mi fa pauroso et lento:

pur mi darà tanta baldanza Amore
ch'i' vi discovrirò de' mei martiri
qua' sono stati gli anni, e i giorni et l'ore;

et se 'l tempo è contrario ai be' desiri,

때늦은 회한이 안겨주는 한 움큼의 위로를
내 고통은 얻을 수 있으리라.

13

여인들과 노니는
아름다운 그녀 얼굴에 때로 사랑이 깃들 때,
그녀만큼 아름다운 여인은 어디에도 없으니
나를 사랑으로 이끄는 열망은 커져만 가누나.

고귀한 그녀를 두 눈이 바라보던
바로 그곳, 그때를 축복하며,
나는 말하리. 내 영혼이여, 그때 그토록
위대한 영예를 누렸으니 진정 감사하여라.

사랑의 상념이 그녀에게서 그대[26]에게로 와,
지고한 선(善)의 경지[27]로 그대를 인도하노니,
뭇 남성들이 갈망하는 바 아랑곳 없어라.

그녀의 우아함과 진솔함이
지름길로 그대를 하늘나라로 이끄니,
나 벌써부터 희망의 나래를 펴누나.

---
26) 페트라르카 자신.
27) 신(神)에 이르는 길. 또는 신 그 자체.

non fia ch'almen non giunga al mio dolore
alcun soccorso di tardi sospiri.

13

Quando fra l'altre donne ad ora ad ora
Amor vien nel bel viso di costei,
quanto ciascuna è men bella di lei
tanto cresce 'l desio che m'innamora.

I' benedico il loco e 'l tempo et l'ora
che sí alto miraron gli occhi mei,
et dico: Anima, assai ringratiar dêi
che fosti a tanto honor degnata allora.

Da lei ti vèn l'amoroso pensero,
che mentre 'l segui al sommo ben t'invia,
pocho prezando quel ch'ogni huom desia;

da lei vien l'animosa leggiadria
ch'al ciel ti scorge per destro sentero,
sí ch'i' vo già de la speranza altero.

14

나 지친 눈으로, 그대를 바라보노라
눈멀게 할 만큼 아름다운 얼굴을,
간청하노니 부디 신중하기를,
사랑은 그대를 거부하고, 나는 한숨짓는다.

오로지 죽음만이 내 상념을 멈출 수 있으리라
달콤한 치유의 피난처
사랑의 길을 따르는 상념을.
하지만 그대의 빛은
제 힘을 발하지 못하누나
완벽하지도 전능하지도 않기에.
그럼에도, 슬프구나, 눈물 어린 시간이
그대 가까이 와 있으니,
지금 마음껏 향유하라 이별의 끝에서
이 잠깐의 위안[28]으로 기나긴 고난을 견디리니.

15

나 걸음마다 몸을 돌리노라[29]

---

28) 마지막 순간 시인의 기억 속에 남아 있는 아름다운 라우라의 얼굴.
29) 여행 중 라우라로부터 멀어져가는 게 못내 아쉬워 그녀 쪽으로 고개를 돌리는 것을 말함.

14

Occhi miei lassi, mentre ch'io vi giro
nel bel viso di quella che v'à morti,
pregovi siate accorti,
ché già vi sfida Amore, ond'io sospiro.

Morte pò chiuder sola a' miei penseri
l'amoroso camin che gli conduce
al dolce porto de la lor salute;
ma puossi a voi celar la vostra luce
per meno obgetto, perché meno interi
siete formati, et di minor virtute.
Però, dolenti, anzi che sian venute
l'ore del pianto, che son già vicine,
prendete or a la fine
breve conforto a sí lungo martiro.

15

Io mi rivolgo indietro a ciascun passo

고통에 지친 내 육신을 지탱해 가며,
그대에게서 불어오는 영기(靈氣)를 들이마시며
위안을 얻어 탄식하나니. 아, 처량한지고!

나 다시금 생각하네 내가 남긴 달콤한 행복,
오랜 여정과 내 짧은 삶을.
당황하여 창백해진 발걸음 멈추고,
눈물 머금은 채 땅만 바라보네.

때론 내 슬픔의 한가운데서
의혹이 나를 에워싸네. 어찌하여 내 육신은
영혼[30]에게서 멀리 떨어져 살아갈 수 있는가?

그러나 사랑이 내게 답하노니. 그대는 잊었는가
이것이 인간의 속성에서 자유로운,
연인들의 특권임을?

16

노인은 백발이 성성하고 창백한 얼굴로[31]
생애를 보냈던 정든 곳을 떠나가고

---

30) 라우라.
31) 노년의 시인이 로마 순례 체험을 자신의 연인과 결부시켜 쓴 작품. 시인 포스콜로는 이 소네트를 두고 인간을 하느님과 비견했다 하여 극히 폄하하였음.

col corpo stancho ch'a gran pena porto,
et prendo allor del vostr'aere conforto
che 'l fa gir oltra dicendo: Oimè lasso!

Poi ripensando al dolce ben ch'io lasso,
al camin lungo et al mio viver corto,
fermo le piante sbigottito et smorto,
et gli occhi in terra lagrimando abasso.

Talor m'assale in mezzo a' tristi pianti
un dubbio: come posson queste membra
da lo spirito lor viver lontane?

Ma rispondemi Amor: Non ti rimembra
che questo è privilegio degli amanti,
sciolti da tutte qualitati humane?

16

Movesi il vecchierel canuto et biancho
del dolce loco ov'à sua età fornita

사랑하는 가족들은 아버지가 그리워
어쩔 줄 몰라하네.

노쇠한 수족을 질질 끌며
생의 마지막 여정에 들어,
선한 의지로, 스스로를 북돋우나,
해가 거듭될수록, 쇠잔해져만 가나니.

애타게 갈망하던 로마에 이르러,
성혼(聖痕)[32]을 우러러보고는
하늘에서 그분 뵙기를 소망하네.

아, 슬프구나, 나는 때때로 헤매이네,
여인이여, 어떻게든, 다른 이들 안에서
원하던 그대의 참모습을 찾으려 함인 것을.

17

쓰디쓴 눈물은 빗물 되어 얼굴 위로
고뇌에 찬 한숨과 흘러내리고,
문득 그대 생각에 눈길 돌릴 때마다
나는 세상과 멀어져갈 뿐.

---

32) 로마의 성 베드로 성당에 있는 예수의 성혼.

et da la famigliuola sbigottita
che vede il caro padre venir manco;

indi trahendo poi l'antiquo fianco
per l'extreme giornate di sua vita,
quanto piú pò, col buon voler s'aita,
rotto dagli anni, et dal cammino stanco;

et viene a Roma, seguendo 'l desio,
per mirar la sembianza di colui
ch'ancor lassú nel ciel vedere spera:

cosí, lasso, talor vo cerchand'io,
donna, quanto è possibile, in altrui
la disïata vostra forma vera.

17

Piovonmi amare lagrime dal viso
con un vento angoscioso di sospiri,
quando in voi adiven che gli occhi giri
per cui sola dal mondo i' son diviso.

진실로 달콤하고 온유한 미소가
내 모든 열망 잠재우고,
고통의 불에서 나를 구해 주네,
온 마음으로 그대만을 바라보는 한.

하지만 내 영혼은 얼어붙었네
그대 떠나는 아름다운 모습을 보았을 때
내게서 운명의 별[33]들은 사라져버렸으니.

사랑의 구속[34]에서 자유 얻은
내 마음은 그대 따를 용기를 잃었나니.
이제 깊은 상념에 잠겨 떠나가리라.

18

나 그곳[35]으로 완전히 몸 돌렸을 때
사랑하는 여인의 얼굴 아름답게 빛나고,
내 상념 속에 오롯이 남아 불타오르던
그녀의 빛 조금씩 사그라졌으니,

심장이 찢어지는 고통이 두려워서,

---
33) 라우라의 두 눈.
34) 주 33)과 같은 뜻으로, 직역하면 '사랑의 열쇠'.
35) 페트라르카가 라우라를 처음 본 장소.

Vero è che 'l dolce mansüeto riso
pur acqueta gli ardenti miei desiri,
et mi sottragge al foco de' martiri,
mentr'io son a mirarvi intento et fiso.

Ma gli spiriti miei s'aghiaccian poi
ch'i' veggio al departir gli atti soavi
torcer da me le mie fatali stelle.

Largata alfin co l'amorose chiavi
l'anima esce del cor per seguir voi;
et con molto pensiero indi si svelle.

18

Quand'io son tutto vòlto in quella parte
ove 'l bel viso di mandonna luce,
et m'è rimasa nel pensier la luce
che m'arde et strugge dentro a parte a parte,

i' che temo del cor che mi si parte,

내 빛[36]의 마지막 자락을 가까이 보며,
등불도 없이, 눈먼 사람처럼,
가야 할 곳 모른 채 여전히 가네.

이렇듯 죽음에 맞닥뜨려
나 달음질치나니. 하지만 언제나 그렇듯이
내 바람과 달리 더디기만 하누나.

나 말없이 가리, 절망의 말들은
사람들을 울게 하기에. 바라건대
눈물 흘리는 이는 오직 나 혼자이기를.

19

태양 빛에 맞서 이길 수 있는
놀라운 눈의 동물[37]이 세상에 있어라.
다른 동물은 그 강한 빛에 시력을 잃어,
저녁 무렵이 아니면 밖에 나가지 않는데.

또 다른 동물[38]은, 광채 띤 불 속에서
강렬한 열망에 사로잡혀,

---

36) 삶.
37) 독수리를 의미하며, 때로는 위대한 왕처럼 신격화된 인물을 의미하기도 함.
38) 나방.

et veggio presso il fin de la mia luce,
vommene in guisa d'orbo, senza luce,
che non sa ove si vada et pur si parte.

Cosí davanti ai colpi de la morte
fuggo: ma non sí ratto che 'l desio
meco non venga come venir sòle.

Tacito vo, ché le parole morte
farian pianger la gente; et i' desio
che le lagrime mie si spargan sole.

19

Son animali al mondo de sí altera
vista che 'ncontra 'l sol pur si difende;
altri, però che 'l gran lume gli offende,
non escon fuor se non verso la sera;

et altri, col desio folle che spera
gioir forse nel foco, perché splende,

그 능력을, 시험하고야 마는구나.
슬프게도, 내 자리는 마지막 무리에 속한 것을.

나는 이 여인의 빛을 맞아들일 만큼
강하지 못하여, 어둡거나 캄캄한 곳에서
스스로를 지키지도 못하나니.

허나 눈물 젖은 연약한 눈망울로
그녀를 보도록 운명은 나를 이끄는데.
나는 익히 알고 있었네 내가 쫓는 것이 나를 태워버리리라는 것을.

20

나 이따금 부끄러워하네, 아직도 침묵하고 있음을,
여인이여, 당신의 아름다움을 노래한 적 없기에,
그대를 처음 본 순간을 회상하노라면,
지금껏 어떤 여인도 나를 기쁘게 한 적 없었네.

하지만 난 알고 있네, 내 힘에 버겁고,
내 시로도 빛낼 수 없음을.
내 재능의 한계를 가늠하며
예찬해 보아도 마음뿐임을.

provan l'altra vertú, quella che 'ncende:
lasso, e 'l mio loco è 'n questa ultima schera.

Ch'i' non son forte ad aspectar la luce
di questa donna, et non so fare schermi
di luoghi tenebrosi, o d'ore tarde:

però con gli occhi lagrimosi e 'nfermi
mio destino a vederla mi conduce;
et so ben ch'i' vo dietro a quel che m'arde.

20

Vergognando talor ch'ancor si taccia,
donna, per me vostra bellezza in rima,
ricorro al tempo ch'i' vi vidi prima,
tal che null'altra fia mai che mi piaccia.

Ma trovo peso non da le mie braccia,
né ovra da polir colla mia lima:
però l'ingegno che sua forza extima
ne l'operatïon tutto s'agghiaccia.

수없이 입술 열고 말하려 할 때마다,
목소리는 가슴속 침묵으로 남아 있나니.
그 어떤 소리가 그리 높이 솟아오른 적 있었겠는가?

수없이 연가를 쓰려 하였건만,
내 펜과 손과 지성은
처음 본 충격에 허물어지고 말았던 것을.

21

수천 번이나, 내 사랑스러운 전사여,
그대의 아름다운 눈에서 평화를 얻기 위해
내 마음을 그대에게 주었건만, 그대는 한사코
고결한 마음으로 내려다보기를 꺼려하였지.

다른 여인이 그 마음을 바란다 해도,
나약하고 그릇된 희망 속에 살게 될 뿐이리라.
그대 불쾌하게 하는 모든 것을 경멸하기에,
내 마음은, 결코 예전처럼 될 수 없음을.

이제 내가 그 마음 버린다면, 슬픈 방황 속에서
그대에게서조차 어떤 도움도 얻지 못하고,
혼자 있거나, 다른 여인의 부름에도 응답할 수 없다면,

Piú volte già per dir le labbra apersi,
poi rimase la voce in mezzo 'l pecto:
ma qual sòn poria mai salir tant'alto?

Piú volte incominciai di scriver versi:
ma la penna et la mano et l'intellecto
rimaser vinti nel primier assalto.

21

Mille fïate, o dolce mia guerrera,
per aver co'begli occhi vostri pace
v'aggio proferto il cor; mâ voi non piace
mirar sí basso colla mente altera.

Et se di lui fors'altra donna spera,
vive in speranza debile et fallace:
mio, perché sdegno ciò ch'a voi dispiace,
esser non può già mai cosí com'era.

Or s'io lo scaccio, et e' non trova in voi
ne l'exilio infelice alcun soccorso,
né sa star sol, né gire ov'altri il chiama,

순리의 길을 놓치고 말리라.[39]
우리 둘은 무거운 죄의식에 빠져들고,
그대를 사랑할수록, 그대의 죄는 더 무거워지리라.

22

대지에 사는 동물이라면 그 무엇이건,
햇빛을 혐오하는 족속이 아니라면,
낮에만 활동을 하지.
그러나 하늘이 별들을 밝히고 나면,
집으로 발길을 돌리거나, 숲 속 보금자리에 깃들어
새벽이 오기까지 휴식을 취한다네.

아름다운 새벽이 밝아와
대지의 어둠을 흔들 때면
숲 속의 동물들은 깨어나지만,
나의 한숨은 태양이 있는 한 그치지 않네.
반짝이는 별들이 내 눈을 적시면
눈물 흘리며, 새날을 갈망하네.[40]

밤이 밝은 낮을 밀어낼 즈음,

---

39) 죽음에 이를 수 있음을 의미.
40) 낮이면 사랑에 불타오르고 밤이면 흐느끼는 시인의 모습을 반영. 여기서 태양은 라우라의 아름다운 얼굴을, 반짝이는 별은 시인을 경멸하는 라우라의 눈을 의미.

poria smarrire il suo natural corso:
che grave colpa fia d'ambeduo noi,
et tanto piú de voi, quanto piú v'ama.

22

A qualunque animale alberga in terra,
se non se alquanti ch'ànno in odio il sole,
tempo da travagliare è quanto è 'l giorno;
ma poi che 'l ciel accende le sue stelle,
qual torna a casa et qual s'anida in selva
per aver posa almeno infin a l'alba.

Et io, da che comincia la bella alba
a scuoter l'ombra intorno de la terra
svegliando gli animali in ogni selva,
non ò mai triegua di sospir' col sole;
poi quand'io veggio fiammeggiar le stelle
vo lagrimando, et disïando il giorno.

Quando la sera scaccia il chiaro giorno,

우리의 어둠이 새벽을 만들 때,
감성의 대지에서 나를 빚은,
잔인한 별들을 사색에 잠겨 바라보나니.
나를 숲에서 자란 사람으로 여기게 한,
태양을 보았던 그날을 저주하노라.

그 어떤 숲 속에서도 본 것 같지 않아
밤이건 낮이건, 그녀처럼 잔인한 존재는,
그녀 위해 어둠 혹은 태양 아래 울기는 한다지만.
첫잠에서 새벽까지 지치지도 않는구나.
내 비록 흙으로 사라질 육신이지만,
별이 준 열망은 변하지 않나니.

오 빛나는 별들이여, 그대에게 돌아가기 전,
애욕의 숲[41]에 떨어지기 전에,
내 육신이 가루가 되더라도,
그녀 안에서 연민의 정을 보았으면, 그 하루가
몇 년을 되돌릴 수 있다면, 새벽이 아니어도
기우는 태양에 행복할 수 있을 텐데.

해 저문 후에도 그녀와 함께할 수 있다면,
오직 별들만 우리를 지켜볼 수 있다면,
하룻밤만이라도, 새벽이 오지 않을 수 있다면.

---

41) 사랑 때문에 죽은 사람들이 사는 곳.

et le tenebre nostre altrui fanno alba,

miro pensoso le crudeli stelle,

che m'ànno facto di sensibil terra;

et maledico il dí ch'i' vidi 'l sole,

che mi fa in vista un huom nudrito in selva.

Non credo che pascesse mai per selva

sí aspra fera, o di nocte o di giorno,

come costei ch'i' piango a l'ombra e al sole;

et non mi stancha primo sonno od alba:

ché, bench'i' sia mortal corpo di terra,

lo mio fermo desir vien da le stelle.

Prima ch'i' torni a voi, lucenti stelle,

o tomi giú ne l'amorosa selva,

lassando il corpo che fia trita terra,

vedess'io in lei pietà, che 'n un sol giorno

può ristorar molt'anni, e 'nanzi l'alba

puommi arichir dal tramontar del sole.

Con lei foss'io da che si parte il sole,

et non ci vedess'altri che le stelle,

sol una nocte, et mai non fosse l'alba;

내 팔로부터 벗어나고자
초록 나무로 변하지 않는다면,[42] 아폴론이
여기 지상으로 그녀를 쫓아왔던 그날처럼.

하지만 나는 마른 나무에 누워 대지 밑에 갇히고
그날은 작은 별들로 채워지리라
태양이 달콤한 새벽에 닿기 전에.

23

내 청춘의 달콤한 시절에,
이제는 병으로 커버린 잔인한 열망이
아직 여린 풀잎이었음을 보았네,
노래는 고통을 잠재우나니,
나는 노래하리라 한때 얼마나 자유롭게 살았는지를,
내 거처[43] 안에 자리 잡은 사랑에 신경 쓰지 않으며.
이윽고 그 사랑이 얼마나 철저히 무시되며 자랐는지를 말하며
뭇 사람들에게 본보기가 되게 한 일이,
내게도 일어났음을 그대로 밝히리라.
비록 내 거친 자학의 흔적이
다른 곳에 기록되어 있다지만, 수천 개의 펜들이
이미 닳아 없어질 정도였으니, 거의 모든 골짜기에

---

42) 월계수로 변한 다프네를 연상시킴.
43) 시인의 마음과 영혼.

et non se transformasse in verde selva
per uscirmi di braccia, come il giorno
ch'Apollo la seguia qua giú per terra.

Ma io sarò sotterra in secca selva
e 'l giorno andrà pien di minute stelle
prima ch'a sí dolce alba arrivi il sole.

23

Nel dolce tempo de la prima etade,
che nascer vide et anchor quasi in herba
la fera voglia che per mio mal crebbe,
perché cantando il duol si disacerba,
canterò com'io vissi in libertade,
mentre Amor nel mio albergo a sdegno s'ebbe.
Poi seguirò sí come a lui ne 'ncrebbe
troppo altamente, e che di ciò m'avenne,
di ch'io son facto a molta gente exempio:
benché 'l mio duro scempio
sia scripto altrove, sí che mille penne
ne son già stanche, et quasi in ogni valle

내 깊은 탄식의 소리가 울려 퍼져,
세상 사람들이 내 괴로운 삶을 믿게 되었네.
언젠가 그랬듯이 이제 기억이
나를 도와주지 않는다면, 내 고통들은 변명을 하고,
내 상념 역시 번민만을 안겨주겠지,
다른 모든 생각에 등을 돌리고,
나 자신마저 망각하게 하겠지.
그 상념이 내면을 사로잡아, 나는 껍데기에 불과하기에.

나 그대에게 말하리 첫사랑의 일격을
받은 그날 이후, 수많은 세월이 흘렀기에,
젊은 날의 내 모습은 찾을 수 없으리라고.[44]
내 심장을 싸고 있는 얼어붙은 상념은
굽히지 않는 완고함으로
사랑에 흔들리지 않게 하나니.
지금껏 어떤 눈물도 내 가슴을 적시지 못했고
내 잠을 깨우지 못했노라, 내게는 없던 것[45]이,
다른 이들에게 있음을 기적인 듯 여기었었지.
오, 나는 누구인가! 누구였던가!
죽음에 이르러서야 인생을 기리고, 밤이 되어서야 하루를 찬양
하누나.
내가 풀어가는 사랑의 잔인함에 사무쳐

---

44) 페트라르카가 라우라를 처음 본 것은 그의 나이 23세 때로 당시 기준으로는 청년
기가 끝나가는 나이였음.
45) 사랑의 괴로움과 갈등.

rimbombi il suon de' miei gravi sospiri,
ch'aquistan fede a la penosa vita.
E se qui la memoria non m'aita
come suol fare, iscúsilla i martiri,
et un penser che solo angoscia dàlle,
tal ch'ad ogni altro fa voltar le spalle,
e mi face oblïar me stesso a forza:
ché tèn di me quel d'entro, et io la scorza.

I' dico che dal dí che 'l primo assalto
mi diede Amor, molt'anni eran passati,
sí ch'io cangiava il giovenil aspetto;
e d'intorno al mio cor pensier' gelati
facto avean quasi adamantino smalto
ch'allentar non lassava il duro affetto.
Lagrima anchor non mi bagnava il petto
né rompea il sonno, et quel che in me non era,
mi pareva un miracolo in altrui.
Lasso, che son! che fui!
La vita el fin, e 'l dí loda la sera.
Ché sentendo il crudel di ch'io ragiono

그[46]의 화살에 맞고도
내 옷은 끄떡없었기에,
어느 당당한 여인을 보호하였네,
그녀에게 기지나 힘, 자비를 구함은
예나 지금이나 내게 소용이 없네.
그 두 존재[47]가 지금의 나로 바꾸어버렸지,
나를 살아 있는 사람에서 초록의 월계수로 변신시켜,
추운 계절에도 잎을 떨구지 않게 하였다네.

무슨 생각과 느낌이었는지
내 육신의 변화를 처음 깨닫게 되었을 때,
나는 보았네, 한때 진정으로 왕관이 되기를 희망했던
나의 머리칼이 월계수 잎이 되는 것을,
사지도 영혼에 감응한 듯,
섰다가는 걷고 걷다가는 달리던 내 다리가,
페네우스 강보다 더 장엄히 흐르는 강물[48] 옆에서
두 뿌리로 변하는 것을,
그리고 두 팔이 변하여 두 가지가 되는 것을!
하얀 비탄의 깃털에 덮인 존재는
나를 얼어붙게 하였고
그 옛날 너무 높이 오르려 했던 내 희망은
벼락을 맞아 죽고 말았지.

---

46) 에로스.
47) 에로스와 라우라.
48) 아비뇽을 흐르는 론 강.

infin allor percossa di suo strale
non essermi passato oltra la gonna,
prese in sua scorta una possente donna,
ver' cui poco già mai mi valse o vale
ingegno, o forza, o dimandar perdono;
e i duo mi trasformaro in quei ch'i' sono,
facendomi d'uom vivo un lauro verde,
che per fredda stagion foglia non perde.

Qual mi fec'io quando primer m'accorsi
de la trasfigurata mia persona,
e i capei vidi far di quella fronde
di che sperato avea già lor corona,
e i piedi in ch'io mi stetti, et mossi, et corsi,
com'ogni membro a l'anima risponde,
diventar due radici sovra l'onde
non di Peneo, ma d'un piú altero fiume,
e 'n duo rami mutarsi ambe le braccia!
Né meno anchor m'agghiaccia
l'esser coverto poi di bianche piume
allor che folminato et morto giacque
il mio sperar che tropp'alto montava:

언제 어디서 희망을
되찾을지 모르기에
나는 홀로 눈물지으며, 강과 강어귀를 따라,
밤낮으로 찾고 있네, 거세된 희망을.
그리고 내 혀는 결코 침묵하지 않았네
그[49]의 무시무시한 추락에 대해.
백조의 색깔을 띤 백조의 소리일밖에.

그리하여 나는 한때 사랑했던 강을 따라갔다네,
말을 하고 싶어서, 생경한 소리[50]로
끊임없이 자비를 구하며, 노래를 불렀지.
그토록 달콤하고 부드러운
사랑의 절규를 되울리게 할 수는 없었나니,
그녀의 거칠고 잔혹한 마음이 겸손해질 만큼.
내 얼마나 그녀를 생각했던가? 그녀를 떠올리기만 해도 내 마음 달아오르는 것을.
그러나 저 달콤한 듯 쌉쌀한 나의 적에 대해
지금까지 이야기한 것보다 더 많은 것을
나는 말해야 하리라,
비록 온갖 언어로도 그녀를 따라잡을 수 없더라도.[51]
첫눈에 마음을 앗아가 버린 그녀는,

---

49) 파이톤. 태양신인 아버지 헬리오스의 태양 수레를 타다가 제우스의 번개를 맞고 땅에 떨어졌다.
50) 백조의 소리.
51) 인간이 가진 지식으로는 표현할 수 없다 해도.

ché perch'io non sapea dove né quando
me 'l ritrovasse, solo lagrimando
là 've tolto mi fu, dí e nocte andava,
ricercando dallato, et dentro a l'acque;
et già mai poi la mia lingua non tacque
mentre poteo del suo cader maligno:
ond'io presi col suon color d'un cigno.

Cosí lungo l'amate rive andai,
che volendo parlar, cantava sempre
mercé chiamando con estrania voce;
né mai in sí dolci o in sí soavi tempre
risonar seppi gli amorosi guai,
che 'l cor s'umilïasse aspro et feroce.
Qual fu a sentir? ché 'l ricordar mi coce:
ma molto piú di quel, che per inanzi
de la dolce et acerba mia nemica
è bisogno ch'io dica,
benché sia tal ch'ogni parlare avanzi.
Questa che col mirar gli animi fura,

내 가슴을 열어젖히고, 심장을 손으로 움켜잡으며,
내게 말했지, 이 일에 대해 더 이상 다른 말 하지 말라고.
홀로 평소와 다른 모습의 그녀를 보았을 때,
그래, 그녀를 알아볼 수 없었지. 아, 인간의 간교한 마음이여,
겁에 질린 나는 그녀에게 모든 사실을 털어놓았지.
그러자 그녀는 평소의 모습으로
이내 돌아와, 나를, 아아 슬프게도,
기진맥진한 절망의 돌덩이로 만들어버렸네.

그녀는 얼마나 노기 띤 얼굴로 말하고 있었던가,
나는 그저 절망의 돌덩이 속에서 떨었을 뿐,
들리는 건 아마도 나는 그대가 생각하는 그런 사람이 아니라는 말뿐이었네.
그리고 나는 혼잣말로 중얼거렸지. 만약 그녀가 나를 돌덩이에서 벗어나게만 해준다면,
어떠한 삶도 나를 힘들거나 슬프게 할 수 없을 것이라고.
나의 주여, 나를 다시 울게 내버려 두소서.
어찌 된 영문인가. 잠시 후 발이 떨어졌고,
다름 아닌 나 자신만 탓하면서,
하루 종일 나는 생과 사의 가운데에 있었네.
그러나 시간은 짧기만 하고,
펜은 의욕에 찬 내 마음을 따라올 수 없었지.
마음 안에 쓰여 있는 많은 것들을
그냥 지나쳐 가며 몇 마디 건네는 것뿐인데도
듣는 이에게는 놀라움을 주나니.

m'aperse il petto, e 'l cor prese con mano,

dicendo a me: Di ciò non far parola.

Poi la rividi in altro habito sola,

tal ch'i' non la conobbi, oh senso humano,

anzi le dissi 'l ver pien di paura;

ed ella ne l'usata sua figura

tosto tornando, fecemi, oimè lasso,

d'un quasi vivo et sbigottito sasso.

Ella parlava sí turbata in vista,

che tremar mi fea dentro a quella petra,

udendo: I' non son forse chi tu credi.

E dicea meco: Se costei mi spetra,

nulla vita mi fia noiosa o trista;

a farmi lagrimar, signor mio, riedi.

Come non so: pur io mossi indi i piedi,

non altrui incolpando che me stesso,

mezzo tutto quel dí tra vivo et morto.

Ma perché 'l tempo è corto,

la penna al buon voler non pò gir presso:

onde piú cose ne la mente scritte

vo trapassando, et sol d'alcune parlo

che meraviglia fanno a chi l'ascolta.

죽음이 내 마음을 에워싸고 있는데,
침묵 속 그 마음은 죽음의 손에서 끌어낼 수 없고,
내 손상된 기력에 구원의 손길마저 줄 수 없다네.
나의 언어로는 나 자신을 표현할 수 없기에,
종이와 잉크로 절규할밖에.
나는 내 것이 아니오, 아니라오. 만일 내 죽거든, 그것은 당신 탓이라오.

보잘것없는 내가 믿었던 것은
그녀의 자비로운 눈,
그 희망이 내게 용기를 주었나니.
허나 때로는 온유함이 멸시를 밀어내고,
때로는 부추기는 것을, 나는 후에야 알았노라,
어둠에 둘러싸인 그 먼 훗날에.[52]
내 기도와 함께 빛이 사라졌음을.
아무리 둘러보고 둘러보아도
그녀의 그림자 간데없고, 발자국조차 찾을 수 없어,
마치 거리의 순례자인 양,
나 어느 날 풀 위에 쓰러져버렸네.
달아나려고만 하는 빛을 탓하며,
내 절망 어린 눈물의 고삐를 놓으려 하니,
울고 싶을 때 그 눈물 흘러내리게 하라.
눈은 태양 아래 결코 그렇게 사라지지 않건만

---

52) 라우라의 시야에서 멀어졌을 때.

Morte mi s'era intorno al cor avolta,
né tacendo potea di sua man trarlo,
o dar soccorso a le vertuti afflitte;
le vive voci m'erano interditte;
ond'io gridai con carta et con incostro:
Non son mio, no. S'io moro, il danno è vostro.

Ben mi credea dinanzi agli occhi suoi
d'indegno far cosí di mercé degno,
et questa spene m'avea fatto ardito:
ma talora humiltà spegne disdegno,
talor l'enfiamma; et ciò sepp'io da poi,
lunga stagion di tenebre vestito:
ch'a quei preghi il mio lume era sparito.
Ed io non ritrovando intorno intorno
ombra di lei, né pur de' suoi piedi orma,
come huom che tra via dorma,
gittaimi stancho sovra l'erba un giorno.
Ivi accusando il fugitivo raggio,
a le lagrime triste allargai 'l freno,
et lasciaile cader come a lor parve;
né già mai neve sotto al sol disparve

마치 내가 온전히 녹아내리듯,
너도밤나무[53] 아래 샘이라도 되듯.
오랜 시간 나는 눈물 젖은 길을 떠돌아다녔네.
어느 누가 샘이 된 사내의 이야기를 들었는가?
나는 분명한 사실을 이야기하노라.

하느님이 홀로 고결하게 빚으신 그 영혼은,
누구에게서도 생겨날 수 없는 우아함을 지녔기에,
그녀를 만든 창조주의 형상과 닮았다네.
수많은 무례를 범했더라도 자비를 구하기만 한다면
그녀는 겸손한 마음과 모습으로
다가오는 이에게 늘 용서를 베풀기에.
그녀가 본성과 달리 침묵으로 기도만 한다면
하느님을 닮으려는 것이겠지만,
죄지을까 노심초사하는 것뿐이라네.
또다시 죄를 지으려 하는 자는
진정으로 뉘우치지 않는 까닭에.
그녀는 연민 가득한 눈으로
시선을 돌려, 나를 알아채고
내가 합당한 죗값을 치르고 있음을 보고서야,
처음의 온화한 모습으로 내게 돌아왔다네.
그러나 이 세상에 현자가 믿을 것은 아무것도 없네.
다시금 애원했을 때, 내 신경과 뼈는

---

53) 문학을 상징.

com'io sentí me tutto venir meno,
et farmi una fontana a pie' d'un faggio.
Gran tempo humido tenni quel vïaggio.
Chi udí mai d'uom vero nascer fonte?
E parlo cose manifeste et conte.

L'alma ch'è sol da Dio facta gentile,
ché già d'altrui non pò venir tal gratia,
simile al suo factor stato ritene:
però di perdonar mai non è sacia
a chi col core et col sembiante humile
dopo quantunque offese a mercé vène.
Et se contra suo stile ella sostene
d'esser molto pregata, in Lui si specchia,
et fal perché 'l peccar piú si pavente:
ché non ben si ripente
de l'un mal chi de l'altro s'apparecchia.
Poi che madonna da pietà commossa
degnò mirarme, et ricognovve et vide
gir di pari la pena col peccato,
benigna mi redusse al primo stato.
Ma nulla à 'l mondo in ch'uom saggio si fide:
ch'ancor poi ripregando, i nervi et l'ossa

화석처럼 굳어지고, 나는
낡고 지친 육신에서 벗어난 목소리만이 남아,
죽음을 갈구하며, 오직 그녀의 이름만 불렀을 뿐이니.[54]

기억건대 고통스레 방황하던 내 영혼은
아무도 없는 낯선 동굴 속을 전전하며,
여러 해 동안 고삐 풀린 무모함에 눈물 흘렸지.
이윽고 그 불행의 끝에 다다라,
지상의 존재로 되돌아온 나는,
더 많은 고통을 겪으며 살겠지 생각했네.
내 사랑의 열정은 앞으로만 치달아
어느 날 습관처럼 사냥을 갔던 나
보고야 말았네, 저 잔인하리만치 냉혹하고도 아름다운 그녀가
이름 모를 샘물 속에 알몸으로
있는 것을, 태양이 가장 강렬하게 내리쬘 그때.
어떤 모습도 나를 그 이상 즐겁게 할 수는 없었기에,
나는, 그녀를 바라보며 서 있었네. 순간 그녀는 부끄러워했다네.
앙갚음이었는지, 모습을 감추기 위함인지,
그만 내 얼굴에 물을 끼얹고 말았네.
비록 거짓으로 보일지라도 사실대로 말하리라
사람의 모습에서 나 자신이 떨어져 나옴을 느꼈다고,
숲과 숲 사이를 떠돌아다니는
고독하고도 방황하는 사슴으로 나는 변하여

---

[54] 물에 비친 자신의 모습을 동경하며 죽어간 나르키소스를 사랑한 에코를 연상시킴.

mi volse in dura selce; et cosí scossa
voce rimasi de l'antiche some,
chiamando Morte, et lei sola per nome.

Spirto doglioso errante (mi rimembra)
per spelunche deserte et pellegrine,
piansi molt'anni il mio sfrenato ardire:
et anchor poi trovai di quel mal fine,
et ritornai ne le terrene membra,
credo per piú dolore ivi sentire.
I' seguí' tanto avanti il mio desire
ch'un dí cacciando sí com'io solea
mi mossi; e quella fera bella et cruda
in una fonte ignuda
si stava, quando 'l sol piú forte ardea.
Io, perché d'altra vista non m'appago,
stetti a mirarla: ond'ella ebbe vergogna;
et per farne vendetta, o per celarse,
l'acqua nel viso co le man' mi sparse.
Vero dirò (forse e' parrà menzogna)
ch'i' sentí' trarmi de la propria imago,
et in un cervo solitario et vago
di selva in selva ratto mi transformo

또다시 사냥개 무리에게서 도망쳐 나오네.

노래여, 나는 결코
사랑의 불을 끄기 위해 단비를 내리는,
제우스의 금빛 구름이 될 수는 없었다오.
그러나 나는 여인의 눈에 사로잡힌 불꽃이었고,
하늘을 의지하여 나는 한 마리 새였으니,
내 시로 그녀를 예찬하노라.
나 어떤 낯선 모습으로 변하든 그 첫 월계수[55]를
저버릴 순 없으리, 그 나무의 그림자만으로
아름답지 못한 모든 기억으로부터 자유로워지기에.

24

만약 고결한 나뭇가지라면 하늘의 분노를
미리 알아차려, 위대한 제우스의 벼락을 막아주고,
시인의 머리를 장식하는 왕관을
내게 씌워주었을 것을.

나는 그대의 여신들[56]에게 친구였는데
이 시대가 이들을 비열하게 저버렸구나.
허나 첫 올리브 열매를 세상에 알린 여신[57]으로부터

---
55) 라우라에 대한 첫사랑.
56) 문학의 여신들인 뮤즈를 일컬음.

et anchor de' miei can' fuggo lo stormo.

Canzon, i' non fu' mai quel nuvol d'oro
che poi discese in pretïosa pioggia,
sí che 'l foco di Giove in parte spense;
ma fui ben fiamma ch'un bel guardo accense,
et fui l'uccel che piú per l'aere poggia,
alzando lei che ne' miei detti honoro:
né per nova figura il primo alloro
seppi lassar, ché pur la sua dolce ombra
ogni men bel piacer del cor mi sgombra.

24

Se l'onorata fronde che prescrive
l'ira del ciel, quando 'l gran Giove tona,
non m'avesse disdetta la corona
che suole ornar chi poetando scrive,

i' era amico a queste vostre dive
le qua' vilmente il secolo abandona;
ma quella ingiuria già lunge mi sprona

저 모욕은 벌써 나를 멀리 몰아내 버렸도다.

내 그토록 애지중지하던 월계관을 잃어버려
태운 애간장은, 에티오피아의 모래사막도,
작열하는 태양 아래 그보다 더 들끓지는 않았으리.

가서 평화의 샘을 찾아보게나,
내 모든 샘물은 바닥났으니,
울면서 떨어뜨리는 눈물만 제하고는.

25

사랑이 울고 있었네, 나도 때로 그랬고,
내 삶은 사랑에서 벗어날 수 없었지,
낯설고도 괴로운 일 겪으며
그대 영혼은 사랑의 족쇄에서 풀려났느니.

이제라도 하느님이 내 영혼 바른 길로 돌려놓으시니,
성심으로 하늘 향해 두 손 모아,
인간의 바른 기도를 그토록 너그러이 받아주시는
자비로운 하느님께 감사하노라.

---

57) 아테나를 가리킴. 포세이돈이 아크로폴리스 언덕의 샘에 소금물이 솟도록 하자 아테나는 여기에 올리브 나무를 심어 대항했는데, 올리브 나무가 실용성이 있다고 생각한 아테네 시민들은 자신들의 수호신으로 아테나를 택했음.

da l'inventrice de le prime olive:

ché non bolle la polver d'Ethïopia
sotto 'l piú ardente sol, com'io sfavillo,
perdendo tanto amata cosa propia.

Cercate dunque fonte piú tranquillo,
ché 'l mio d'ogni liquor sostene inopia,
salvo di quel che lagrimando stillo.

25

Amor piangeva, et io con lui talvolta,
dal qual miei passi non fur mai lontani,
mirando per gli effecti acerbi et strani
l'anima vostra de' suoi nodi sciolta.

Or ch'al dritto camin l'à Dio rivolta,
col cor levando al cielo ambe le mani,
ringratio lui che' giusti preghi humani
benignamente, sua mercede, ascolta.

사랑하는 삶으로 돌아가,
달콤한 욕망에 등을 돌리고,
그대 가는 길에 험한 언덕과 도랑[58] 만난다면,

그 길이 얼마나 가시밭길인지 보여주기 위함이니,
산이 얼마나 많고 오르기 힘든 것인지,
인간이 기대야 할 진정한 가치가 거기 있음을.

26

누구도 나보다 더 행복하진 않으리
파도에 휩쓸린 배가 육지에 다다라,
창백하리만치 사색이 되었던 뱃사람들이
바닷가에 주저앉아 감사 기도를 올릴 때에도.

누구도 나보다 더 행복할 순 없으리
밧줄에 목을 조이던 감옥에서 방금 풀려난 죄수일지라도,
나의 주인[59]에 맞선 오랜 싸움에서
빼어 들었던 칼을 거두는 나보다는.

운율 담긴 어조로 라우라를 찬미하는 그대들이여,
훌륭한 연시(戀詩)의 직공들이여

---
58) 세속적인 유혹.
59) 사랑을 의미함.

Et se tornando a l'amorosa vita,
per farvi al bel desio volger le spalle,
trovaste per la via fossati o poggi,

fu per mostrar quanto è spinoso calle,
et quanto alpestra et dura la salita,
onde al vero valor conven ch'uom poggi.

26

Piú di me lieta non si vede a terra
nave da l'onde combattuta et vinta,
quando la gente di pietà depinta
su per la riva a ringratiar s'atterra;

né lieto piú del carcer si diserra
chi 'ntorno al collo ebbe la corda avinta,
di me, veggendo quella spada scinta
che fece al segnor mio sí lunga guerra.

Et tutti voi ch'Amor laudate in rima,
al buon testor degli amorosi detti

한때 길을 헤매던 이에게, 응분의 영광을 돌려주오.

하느님의 나라에선 회개한 영혼이
흠 없는 아흔아홉 명의 의인들보다,
더 큰 영광과 칭송 받게 될지니.[60]

27

카롤루스 대제[61]의 승계자는, 선대의 왕관으로
머리를 장식하고,
이미 싸울 채비를 하였노라
바빌로니아의 뿔들[62]과 그 후예들[63]을 쳐부수기 위해.

열쇠와 법의로 권능을 부여받은 그리스도의 대리자[64]는
이제 원래의 둥지[65]로 돌아가는구나,
예기치 않은 일들이 그의 발길을 되돌리지 않는다면,
볼로냐를, 고귀한 로마를 보게 되리라.

그대들의 겸손하고 온순한 양[66]은 야만스러운 늑대들을

---

60) 루가복음 15장 7절 참고.
61) 카롤링거 왕조의 제2대 프랑크 국왕. '샤를마뉴'라는 이름으로 유명.
62) 오만함을 상징.
63) 이슬람교도들.
64) 아비뇽의 제2대 교황인 요한네스 22세를 가리킴.
65) 이 당시 교황청이 위치하고 있었던 아비뇽이 아닌 로마를 말함.

rendete honor, ch'era smarrito in prima:

ché piú gloria è nel regno degli electi
d'un spirito converso, et piú s'estima,
che di novantanove altri perfecti.

27

Il successor di Karlo, che la chioma
co la corona del suo antiquo adorna,
prese à già l'arme per fiacchar le corna
a Babilonia, et chi da lei si noma;

e 'l vicario de Cristo colla soma
de le chiavi et del manto al nido torna,
sí che s'altro accidente nol distorna,
vedrà Bologna, et poi la nobil Roma.

La mansüeta vostra et gentil agna

물리치리라. 그리하여 신성한 이들을 분열시키는 자는
그 누구든 갖은 고초를 겪게 되리니.

아직도 기다림에 지쳐 있는 그녀,
배우자를 애타게 기다리는 로마를 위로하라,
그리고 이제 예수의 이름으로 검을 높이 들어라.

28

오 하늘의 축복 받은 아름다운 영혼이여[67]
그대는 우리네 인간의 옷을 입었으나
여느 사람에게와 같이 짐이 되진 않으리.
이제 그대 가는 길 덜 고통스러우리니,
하느님이 가장 사랑하시는, 순종하는 시녀여,
이 세상에서 하느님의 왕국으로 나아가기를,
여기 새로운 그대의 배가,
맹목적으로 세상에 등 돌리고
더 좋은 항구로 향하니,
달콤한 위안을 주는 서풍이 부누나.
이 어두운 계곡을 지나,

---

66) '평화를 사랑하는 사람'이나 '선량한 시민'들을 의미.
67) 페트라르카의 친구였던 자코모 콜론나에게 바치는 시. 1334년 프랑스 왕이 새로운 십자군을 모을 때, 롬베의 주교 자코모 콜론나의 탁월한 웅변력의 도움을 받은 것을 예찬함.

abbatte i fieri lupi: et cosí vada
chïunque amor legitimo scompagna.

Consolate lei dunque ch'anchor bada,
et Roma che del suo sposo si lagna,
et per Iesú cingete omai la spada.

28

O aspectata in ciel beata et bella
anima che di nostra humanitade
vestita vai, non come l'altre carca:
perché ti sian men dure omai le strade,
a Dio dilecta, obedïente ancella,
onde al suo regno di qua giú si varca,
ecco novellamente a la tua barca,
ch'al cieco mondo à già volte le spalle
per gir al miglior porto,
d'un vento occidental dolce conforto;
lo qual per mezzo questa oscura valle,

우리와 다른 이의 잘못[68]에 흐느껴 울지만,
오랜 속박에서 자유롭게 하리라.
똑바로 난 길을 따라서,
그 배 향하는 참된 동쪽으로.

아마 그 모든 독실한 사랑의 기도와
곧 죽어 사라질 인간의 경건한 눈물이
하느님의 고결한 연민에 이르렀으리라.
그리고 그들의 공덕은 영원한 정의를
본래의 길에서 끌어내기에는
미약하기 그지없었으니.
허나 천상을 다스리는 자비로운 왕은
십자가에 못 박힌 성스러운 땅에
은총의 눈길을 돌리시는데,
새로운 카롤루스 대제[69]의 심중을 파고든 복수심
때늦은 고통만을 안겨주었기에,
그토록 오랜 세월 온 유럽이 갈망하였노라.
사랑하는 신부[70]에게 구원의 손길을 내미는 그리스도
오로지 그의 목소리만으로도
바빌로니아는 두려움에 떨고, 깊은 상념에 젖었나니.

산맥[71]과 가론 강을 지나 론 강과 라인 강

---

68) 아담의 원죄.
69) 프랑스의 필립 6세를 가리킴.
70) 교회를 지칭함.

ove piangiamo il nostro et l'altrui torto,
la condurrà de' lacci antichi sciolta,
per dritissimo calle,
al verace orïente ov'ella è volta.

Forse i devoti et gli amorosi preghi
et le lagrime sancte de' mortali
son giunte inanzi a la pietà superna;
et forse non fur mai tante né tali
che per merito lor punto si pieghi
fuor de suo corso la giustitia eterna;
ma quel benigno re che 'l ciel governa
al sacro loco ove fo posto in croce
gli occhi per gratia gira,
onde nel petto al novo Karlo spira
la vendetta ch'a noi tardata nòce,
sí che molt'anni Europa ne sospira:
cosí soccorre a la sua amata sposa
tal che sol de la voce
fa tremar Babilonia, et star pensosa.

Chïunque alberga tra Garona e 'l monte

그리고 바다와 바다 사이에 사는 모든 이들은
기수들 중 가장 그리스도교인다운 왕에게로 모여드는구나.
진정한 용기를 높이 산 사람들은 누구나,
피레네 산맥에서 아득한 지평선에 이르기까지,
아라곤[72]을 뒤로하고 스페인을 떠나나니.
영국, 그리고 마차[73]와 석주들[74] 사이
대양에 잠겨 있는 섬 중 그 어디건 간에,
가장 신성한 헬리콘 산의
말씀이 들리는 한,
언어와 무기, 차림새가 다르다 해도,
신의 자비로우심은 그들을 이 지고의 과업에로 격려하누나.
과연 사랑이 제 아무리 온당하고 가치 있다 하더라도,
그 어떤 자식과 여인 들이
그와 같은 경멸의 주체가 되었던가?

여기, 세계의 한 변방[75]이
태양이 지나는 길에서 멀리 떨어져
오랜 세월 얼음과 눈으로 뒤덮여 있었노라.
음산한 날씨에 해마저 짧은 그곳에서,
천성적인 평화의 적대자로,
죽음조차 두려워 않는 한 민족이 태어났나니.

---

71) 피레네 산맥.
72) 12세기에 이슬람교도들을 정복한 아라곤 왕국이 위치했던 지역.
73) 아이슬란드.
74) 지브롤터 해협.
75) 스칸디나비아 북부 지역.

e 'ntra 'l Rodano e 'l Reno et l'onde salse
le 'nsegne cristianissime accompagna;
et a cui mai di vero pregio calse,
dal Pireneo a l'ultimo orizonte,
con Aragon lassarà vòta Hispagna;
Inghilterra con l'isole che bagna
l'Occeano intra 'l Carro et le Colonne,
infin là dove sona
doctrina del sanctissimo Elicona,
varie di lingue et d'arme, et de le gonne,
a l'alta impresa caritate sprona.
Deh qual amor sí licito o sí degno,
qua' figli mai, qua' donne
furon materia a sí giusto disdegno?

Una parte del mondo è che si giace
mai sempre in ghiaccio et in gelate nevi
tutta lontana dal camin del sole:
là sotto i giorni nubilosi et brevi,
nemica natural-mente di pace,
nasce una gente a cui il morir non dole.

이 민족이, 예전보다 더 경건하게,
튜튼족[76]다운 격노로 그들의 검을 집어 든다면,
아랍인, 투르크인 그리고 칼데아인[77],
홍해 바다 저편에 있는
이방의 신들을 믿는 모든 이들[78]이,
얼마나 보잘것없는가를 그대는 알게 되리라.
허술한 의장에 겁 먹고 뒷걸음치는 민족,
그들은 결코 검을 잡지 않으며,
모든 공격을 단지 바람에만 내맡길 따름이라.[79]

이제 우리[80] 목을 낡은 멍에로부터
다시금 벗어나게 하고, 우리의 눈을
뒤덮었던 장막을 걷어낼 때라네,
불멸의 아폴론[81]이 베푼 은총인
그대의 고귀한 재능과,
웅변의 힘을
말과 칭송받은 글로 보여줄 때라네.
암피온[82]과 오르페우스[83]를 읽고도

---

76) 게르만족.
77) 남부 바빌로니아인.
78) 이집트, 리비아, 모로코 등 오리엔트 전역에 사는 민족들을 말함.
79) 지상에서 검을 갖고 일대일로 겨루는 백병전이 닌, 기마를 타고 활을 쏘며 공격하는 보다 소극적인 방식의 전쟁을 의미.
80) 이탈리아인을 의미.
81) 참된 신, 하느님을 가리킴.
82) 제우스와 테베의 여왕 안티오페 사이에서 태어난 아들. 그가 리라를 타자 돌들이 저절로 모여 성벽을 쌓았다고 함.

Questa se, piú devota che non sòle,
col tedesco furor la spada cigne,
turchi, arabi et caldei,
con tutti quei che speran nelli dèi
di qua dal mar che fa l'onde sanguigne,
quanto sian da prezzar, conoscer dêi:
popolo ignudo paventoso et lento,
che ferro mai non strigne,
ma tutti colpi suoi commette al vento.

Dunque ora è 'l tempo da ritrare il collo
dal giogo antico, et da squarciare il velo
ch'è stato avolto intorno agli occhi nostri,
et che 'l nobile ingegno che dal cielo
per gratia tien' de l'immortale Apollo,
et l'eloquentia sua vertú qui mostri
or con la lingua, or co' laudati incostri:
perché d'Orpheo leggendo et d'Amphïone

그대 놀라지 않았다면,
이탈리아와 그 자손들이
그대의 분명한 목소리에 깨어나,
예수를 위해 창검을 들더라도 그리 놀랄 일이 아니기에.
또 고대의 어머니[84]가 진실을 제대로 본다면,
과거의 어떤 전쟁에서도
이런 멋진 대의명분은 없었기에.

그대는, 고금의 서책들을 멋진 보물[85]로 삼고자,
그 책장들을 넘겨 보았네,
지상의 짐[86]을 지고도 하늘을 향해 비상하였으니,
그대는 알리라, 아레스 아들[87]의 통치에서
세 차례나 승리하며 초록색 월계수로 머리를
장식했던[88] 위대한 아우구스투스에 이르기까지,
타민족의 아픔에 대해 몇 번이나 로마가
자신의 피를 관대하게 뿌렸던 사실을.
로마는 왜 더 이상 관대하지 않은가
무자비한 공격[89]에 대한 복수에서

---

83) 아폴론과 뮤즈 칼리오페 사이에서 태어난 아들. 그의 리라 소리에 감동한 하데스가 그의 죽은 연인 에우리디케를 다시 지상으로 데리고 가도록 허락했으나 뒤를 돌아보지 말라는 약속을 어겨 결국 그녀를 구하지 못함.
84) 이탈리아를 의미.
85) 지식이나 지혜.
86) 육체를 일컬음.
87) 아레스는 전쟁의 신. 아레스의 아들이란 로마 건국의 주인공 로물루스를 가리킴.
88) 베르길리우스의 「아이네이스」 8장 714행 참고.
89) 이슬람교도들의 공격.

se non ti meravigli,
assai men fia ch'Italia co' suoi figli
si desti al suon del tuo chiaro sermone,
tanto che per Iesú la lancia pigli;
che s'al ver mira questa anticha madre,
in nulla sua tentione
fur mai cagion' sí belle o sí leggiadre.

Tu ch'ài, per arricchir d'un bel thesauro,
volte l'antiche et le moderne carte,
volando al ciel colla terrena soma,
sai da l'imperio del figliuol de Marte
al grande Augusto che di verde lauro
tre volte trïumphando ornò la chioma,
ne l'altrui ingiurie del suo sangue Roma
spesse fïate quanto fu cortese:
et or perché non fia
cortese no, ma conoscente et pia

마리아의 영광스러운 아들을 향해,
왜 감사와 경건함만을 표하는가?
그러니 적의 편은 무엇을 바랄 수 있겠는가
인간적인 방어로,
그리스도께서 반대 무리들 편에 있다면야?

크세르크세스의 오만 무례함을 주시하라,
우리의 해안을 짓밟을 생각으로
교묘하게 다리를 엮어 무단으로 바다를 침범했던 것을.[90]
그러면 보일 것이다, 남편을 잃고 비탄에 잠겨
상복을 입은 페르시아 여인들과,
붉게 물든 살라미스 해가.
동방의 불행한 민족의
처참한 모습이
그대에게 승리를 약속하고,
몇 안 되는 사람들과
마라톤과 레오니다스[91]를 지켜냈던 죽음의 해협이,
그리고 익히 듣고 보아온 수많은 폐허들도.
하느님께 경배함은 온당하리라
무릎 꿇고 온 마음을 다하여,
그대의 삶을 아주 오래도록[92] 마련해 주셨기에.

---

90) 페르시아의 왕 크세르크세스는 그리스를 침략하기 위해 다르다넬스 해협에 배로 다리를 만들었지만 결국 전쟁에 패했고 그 후로 몰락하기 시작했음.
91) 압도적으로 우세한 페르시아군을 맞아 용감히 싸운 스파르타의 왕. 병사 전원이 전사한 이 전투로 '스파르타인은 결코 굴복하지 않는다.'는 전설이 생겨남.
92) 성지가 회복될 때까지.

a vendicar le dispietate offese,

col figliuol glorïoso di Maria?

Che dunque la nemica parte spera

ne l'umane difese,

se Cristo sta da la contraria schiera?

Pon' mente al temerario ardir di Xerse,

che fece per calcare i nostri liti

di novi ponti oltraggio a la marina;

et vedrai ne la morte de' mariti

tutte vestite a brun le donne perse,

et tinto in rosso il mar di Salamina.

Et non pur questa misera rüina

del popolo infelice d'orïente

victoria t'empromette,

ma Marathona, et le mortali strette

che difese il leon con poca gente,

et altre mille ch'ài ascoltate et lette:

perché inchinare a Dio molto convene

le ginocchia et la mente,

che gli anni tuoi riserva a tanto bene.

그대는 보게 되리, 이탈리아와 명예로운 그 강변[93]을,
노래도, 바다도, 언덕도, 강도
감출 수 없었으나,
고귀한 빛으로 나를 사로잡아
더욱 불타오르게 하는 사랑만이 내 눈을 가렸던 그곳을.
천성[94]은 습관[95]만큼 강하지 않기에.
이제 움직여라, 동료를 놓치지 말라,
우리를 울고 웃게 하는 사랑이
베일 아래에만 깃드는 것은 아닐지니.

29

초록빛 의상과 선홍빛 검붉은 자색(紫色) 옷은
어느 귀부인도 입은 적 없고
황금빛 땋은 머리 또한 치장한 적 없다네,
너무나 아름다운 이 여인은
나의 의지를 빼앗아, 자유의 길에서
그녀에게로 끌어들여, 가벼운 멍에조차도
짊어질 수 없게 만들어버리네.

분별력 잃은 나의 영혼이

---

93) 로마가 세워졌던 테베레 강변.
94) 양심과 명분에 따라 행동하려는 의지.
95) 사랑에 빠진 일상.

Tu vedrai Italia et l'onorata riva,
canzon, ch'agli occhi miei cela et contende
non mar, non poggio o fiume,
ma solo Amor che del suo altero lume
piú m'invaghisce dove piú m'incende:
né Natura può star contra 'l costume.
Or movi, non smarrir l'altre compagne,
ché non pur sotto bende
alberga Amor, per cui si ride et piagne.

29

Verdi panni, sanguigni, oscuri o persi
non vestí donna unquancho
né d'òr capelli in bionda treccia attorse,
sí bella com'è questa che mi spoglia
d'arbitrio, et dal camin de libertade
seco mi tira, sí ch'io non sostegno
alcun giogo men grave.

Et se pur s'arma talor a dolersi

번민에 휩싸인 고난 속에서도
때때로 의혹에 이끌려 무장을 해보지만,
그녀를 보는 순간 제어할 수 없는 욕망이
내 영혼을 돌아서게 하네, 내 마음 안의
온갖 광적인 생각 사라지고, 그녀의 모습을 보면
나의 모든 경멸은 달콤해져버리기에.

라우라로 인해 내가 고통당한 만큼,
그리고 아직도 겪어야 할 만큼,
마음에 상처 준 사람, 내 그를 여전히 열망하지만,
내 마음 온전히 치유될 때까지 보상받으리,
비굴함에 맞서 자존심과 분노가
그녀에게 이르는 아름다운 행로를
가로막지 않는 한.

그날 그 시간[96] 나는 눈이 부셨네
그 아름다운 검은빛과 흰빛[97]에
라우라가 달려온 그곳에서 나를 도망치게 했던,
그때가 내 고통스런 삶의 새로운
근원이었으며, 우리 세기가 귀감으로 삼는
그녀 또한 그러하였다네, 그녀를 그냥 보아 넘기는 이
납 아니면 나무일지라.

---

96) 그리스도가 십자가에 못 박혀 죽은 날을 기념하는 성금요일을 의미.
97) 검은빛은 라우라의 눈을, 흰빛은 그녀의 얼굴을 말함.

l'anima a cui vien mancho
consiglio, ove 'l martir l'adduce in forse,
rappella lei da la sfrenata voglia
súbita vista, ché del cor mi rade
ogni delira impresa, et ogni sdegno
fa 'l veder lei soave.

Di quanto per Amor già mai soffersi,
et aggio a soffrir ancho,
fin che mi sani 'l cor colei che 'l morse,
rubella di mercé, che pur l'envoglia,
vendetta fia, sol che contra Humiltade
Orgoglio et Ira il bel passo ond'io vegno
non chiuda, et non inchiave.

Ma l'ora e 'l giorno ch'io le luci apersi
nel bel nero et nel biancho
che mi scacciâr di là dove Amor corse,
novella d'esta vita che m'addoglia
furon radice, et quella in cui l'etade
nostra si mira, la qual piombo o legno
vedendo è chi non pave.

그러므로 내 눈에서 흘러야 할
눈물이, 내 뜻대로 흐르지 않은 것은
사랑을 처음 느낀 내 왼쪽 가슴을,
피로 적시게 한, 그 화살들 때문이어라.
바른 처소에서 바른 판결은 내려지는 법.
눈물 없어 내 영혼 탄식하고
눈물로써 내 영혼의 상처 씻어 내리리.

이제 나의 생각은 마음속 낯선 이방인 되었네.
예전에, 나를 지치게 했던 이야기가 있었지,
스스로 몸 안에 사랑스러운 검을 꽂았던.[98]
그러나 그녀에게 내 자유[99]를 청하진 않으리,
천상의 다른 길은 이보다 더 곧지 않기에,
제아무리 배가 튼튼하다 해도 분명한 것은
영광의 왕국을 더 이상 열망할 수 없다는 사실뿐.

축복받은 자궁이 아름다운 결실을
지상에 내렸을 때
함께 태어난 우아한 별들이여!
지상의 별이 된 그녀, 월계수 잎처럼
푸르른 정결의 영예를 간직하네,
번개도 비껴가고, 하찮은 바람도

---

98) 베르길리우스의 「아이네이스」에서, 디도 여왕이 아이네이스에게 버림받고 자결한 것을 가리킴.
99) 죽음.

Lagrima dunque che dagli occhi versi
per quelle, che nel mancho
lato mi bagna chi primier s'accorse,
quadrella, dal voler mio non mi svoglia,
ché 'n giusta parte la sententia cade:
per lei sospira l'alma, et ella è degno
che le sue piaghe lave.

Da me son fatti i miei pensier' diversi:
tal già, qual io mi stancho,
l'amata spada in se stessa contorse;
né quella prego che però mi scioglia,
ché men son dritte al ciel tutt'altre strade,
et non s'aspira al glorïoso regno
certo in piú salda nave.

Benigne stelle che compagne fersi
al fortunato fiancho
quando 'l bel parto giú nel mondo scórse!
ch'è stella in terra, et come in lauro foglia
conserva verde il pregio d'onestade,
ove non spira folgore, né indegno

그녀를 휘게 할 순 없으리.

나는 익히 알고 있네, 최고의 글재주를 지닌 그 누구건
지치게 만드는, 그녀에 대한 찬양을
시로 담아내려 했으리라는 것을.
어떤 기억 세포 안에
모든 가치의 표지이자 내 마음의 달콤한 열쇠인,
그녀의 두 눈에서 발견되는,
모든 덕성, 온갖 아름다움이 모여 있을 것인가?

태양이 도는 한,
라우라여, 그대 외에 더 고귀한 언약을 간직하지 못하리라.

30

초록빛 월계수 아래 젊은 여인을 나는 보았네[100]
오랜 세월 동안 햇빛이 접근조차 못했던
눈보다도 희고 차가운 자태.
그녀의 말이며, 아름다운 얼굴, 머리 단
내 너무 좋아해서 눈앞에 두었네,
나 언제나 그러하리, 어디에 있든, 언덕에서나 강가에서나.

---

100) 라우라와 만난 지 7년째 되는 해를 기리는 시.

vento mai che l'aggrave.

So io ben ch'a voler chiuder in versi
suo laudi, fôra stancho
chi piú degna la mano a scriver porse:
qual cella è di memoria in cui s'accoglia
quanta vede vertú, quanta beltade,
chi gli occhi mira d'ogni valor segno,
dolce del mio cor chiave?

Quanto il sol gira, Amor piú caro pegno,
donna, di voi non ave.

30

Giovene donna sotto un verde lauro
vidi piú biancha et piú fredda che neve
non percossa dal sol molti et molt'anni;
e 'l suo parlare, e 'l bel viso, et le chiome
mi piacquen sí ch'i' l'ò dinanzi agli occhi,
ed avrò sempre, ov'io sia, in poggio o 'n riva.

월계수에 푸른 잎이 하나도 없을 때에만
내 상념들은 강가에 머무르리라.
마음의 평정을 찾을 때면, 눈물 거둔 눈으로,
불을 얼려버리고, 눈을 태울 줄 알게 되겠지.
그날이 오기만을 기다리며 보낸 햇수만큼
많은 머리카락은 남아 있지 않으리니.

그러나 시간은 날아가고, 세월은 달음박질쳐,
어느 한 순간 죽음의 문턱에 이르게 하기에,
갈색 머리거나, 흰 머리거나,
달콤한 월계수의 그림자 내 따라가리
무섭게 내리쬐는 태양 아래든, 차가운 눈 아래든,
마지막 날 내 이 두 눈 감겨줄 때까지.

그토록 사랑스러운 눈은 본 적이 없네
우리 시대에나 태초에나,
태양이 눈을 녹이듯 나를 녹여버리는.
샘솟듯 흐르는 눈물 강기슭을 적시고
사랑이 굳어버린[101] 월계수 뿌리에 물꼬를 트는데
가지는 금강석, 머리는 황금[102]이라네.[103]

---

101) '냉정한, 냉혹한'이라는 의미.
102) 딱딱하고 차갑지만 빛나는 성질 때문에 소유하고 싶은 마음을 불러일으킨다는 비유.
103) 22행~24행은 에제키엘서에서, 예언자 에제키엘이 야훼의 경고를 무시하여 멸망한 유대 백성들을 위로하고 하느님의 은혜와 영광이 빛나는 미래를 예언하면서 물을 끌어 와 초목을 소생시키는 것과 대비됨.

Allor saranno i miei pensieri a riva
che foglia verde non si trovi in lauro;
quando avrò queto il core, asciutti gli occhi,
vedremo ghiacciare il foco, arder la neve:
non ò tanti capelli in queste chiome
quanti vorrei quel giorno attender anni.

Ma perché vola il tempo, et fuggon gli anni,
sí ch'a la morte in un punto s'arriva,
o colle brune o colle bianche chiome,
seguirò l'ombra di quel dolce lauro
per lo piú ardente sole et per la neve,
fin che l'ultimo dí chiuda quest'occhi.

Non fur già mai veduti sí begli occhi
o ne la nostra etade o ne' prim'anni,
che mi struggon cosí come 'l sol neve;
onde procede lagrimosa riva
ch'Amor conduce a pie' del duro lauro
ch'à i rami di diamante, et d'òr le chiome.

내 얼굴과 머리카락 변할까 두려워
살아 있는 월계수로 새겨진, 나의 우상
그녀의 눈에 진정한 자비가 비치기도 전에.
제대로 헤아려, 오늘로 일곱 해이기에
밤이나 낮이나, 더울 때나 눈 내릴 때도
한숨지며 강기슭마다 서성인 것이.

안에는 불을 품고, 겉은 눈처럼 하얗게,
여러 상념에 잠겨, 변해 버린 머리지만,
눈물 속에서도 나는 온 강기슭을 헤매리라,
천 년 후 여기 태어난
누군가의 눈에 연민을 불러일으키려고,
정성스레 가꾼 월계수가 그만큼 오래 살 수 있다면.

태양 아래 눈밭 위 황금과 토파즈는
그녀 눈가의 금발에도 당하지 못하네
내 생을 순식간에 강가로 이끈 그 두 눈.

31

제 명을 다하지 못한 채 다른 생의 부름을 받아,
우리에게 작별을 고하는 이 고귀한 영혼[104]은,

---

104) 라우라.

I' temo di cangiar pria volto et chiome
che con vera pietà mi mostri gli occhi
l'idolo mio, scolpito in vivo lauro:
che s'al contar non erro, oggi à sett'anni
che sospirando vo di riva in riva
la notte e 'l giorno, al caldo ed a la neve.

Dentro pur foco, et for candida neve,
sol con questi pensier', con altre chiome,
sempre piangendo andrò per ogni riva,
per far forse pietà venir negli occhi
di tal che nascerà dopo mill'anni,
se tanto viver pò ben cólto lauro.

L'auro e i topacii al sol sopra la neve
vincon le bionde chiome presso agli occhi
che menan gli anni miei sí tosto a riva.

31

Questa anima gentil che si diparte,
anzi tempo chiamata a l'altra vita,

천상에서도 사랑을 받게 된다면,
하늘의 가장 복된 자리를 차지하리라.

제3의 빛[105]과 화성 사이에 그녀가 머문다면,
태양의 밝은 얼굴도 그 빛을 잃게 되리,
그녀의 무한한 아름다움을 흠모한
모든 축복받은 영혼들이 그녀 주위로 모여들 테니.

만일, 제4의 보금자리[106]에서 그녀가 안식을 취한다면,
다른 세 별[107]의 아름다움은 덜해지고,
그녀 홀로 영예와 명성을 누리리라.

제5계[108]에는 머물지 않을 것이나.
그녀가 더 높이 오르더라도, 분명코
목성과 다른 별들 또한 이에 당하지 못하리라.

32

마지막 날에 내 더 가까이 다가갈수록
인간적 불행은 줄어들고,

---

105) 금성.
106) 태양(하늘) 아래 달, 수성, 금성, 라우라, 화성, 목성의 순에서 제4의 보금자리에 속하는 라우라는 가장 아름다운 별.
107) 달과 수성, 금성.
108) 화성.

se lassuso è quanto esser dê gradita,
terrà del ciel la piú beata parte.

S'ella riman fra 'l terzo lume et Marte,
fia la vista del sole scolorita,
poi ch'a mirar sua bellezza infinita
l'anime degne intorno a lei fien sparte.

Se si posasse sotto al quarto nido,
ciascuna de le tre saria men bella,
et essa sola avria la fama e 'l grido;

nel quinto giro non habitrebbe ella;
ma se vola piú alto, assai mi fido
che con Giove sia vinta ogni altra stella.

32

Quanto piú m'avicino al giorno extremo
che l'umana miseria suol far breve,

세월은 더욱 빠르고 가벼이 흘러,
나의 희망도 기만당하고 덧없기만 하네.

나는 홀로 생각하며 말하네. 우리는 사랑의 담소를
오래 나눌 수 없다고. 힘들고 무거운
속세의 짐은 처음 내린 눈처럼
녹아내리기에. 우리는 마침내 평안을 얻게 되리.

그 짐[109]과 더불어 우리를 그토록 오랫동안
갈망케 했던 희망도 무너져 내리고,
웃음과 눈물, 공포와 분노도 소멸될 테니.

그러고 나서 우리는 분명히 알게 되리라
얼마나 자주 사람들이 불확실한 것을 추구하는지,
그리고 얼마나 헛되이 한숨짓는지를.

33

사랑의 별[110]은 이미 동쪽 하늘에서
불타듯 빛나고, 북쪽 하늘에서는 헤라를
질투에 빠지게 하는 또 다른 별이,
빙빙 돌며 밝고 아름답게 제 빛을 발하고 있었네.

---

109) 육체.
110) 금성.

piú veggio il tempo andar veloce et leve,
e 'l mio di lui sperar fallace et scemo.

I' dico a' miei pensier': Non molto andremo
d'amor parlando omai, ché 'l duro et greve
terreno incarco come frescha neve
si va struggendo; onde noi pace avremo:

perché co·llui cadrà quella speranza
che ne fe' vaneggiar sí lungamente,
e 'l riso e 'l pianto, et la paura et l'ira;

sí vedrem chiaro poi come sovente
per le cose dubbiose altri s'avanza,
et come spesso indarno si sospira.

33

Gia fiammeggiava l'amorosa stella
per l'orïente, et l'altra che Giunone
suol far gelosa nel septentrïone,
rotava i raggi suoi lucente et bella;

맨발에 옷도 걸치지 않은 가련한 노파는,
일어나자마자 석탄불을 소생시키고 있었지,
연인들을 사무치게 하는 그때
늘 그렇듯이 그들을 비탄에 젖게 하네.

나의 희망[111]이 속살까지 잘려나간 채
마음속에 가득할 때, 상상 속에서라도,
눈은 잠으로 감기고 비탄은 눈물에 젖고 말아.

희망은 얼마나 변했는가, 아아 그녀가 한때 어떤 모습이었던가!
그녀는 이렇게 말했던가. 그대는 왜 용기를 잃는가?
그대 이 눈을 보고 있기에 나 아직 그대를 그리워하네.

34

아폴론이여, 테살리아의 파도 위로 그대를 타오르게 했던
아름다운 그 열망[112] 아직도 살아 있다면,
사랑했던 금발 머리가,
해를 거듭하는 동안, 망각 속에 묻힌 게 아니라면.

그대 얼굴[113] 가릴 만큼 계속되는,

---

111) 라우라.
112) 다프네에 대한 아폴론의 사랑.
113) 아폴론의 얼굴, 즉 태양을 일컬음.

levata era a filar la vecchiarella,
discinta et scalza, et desto avea 'l carbone,
et gli amanti pungea quella stagione
che per usanza a lagrimar gli appella:

quando mia speme già condutta al verde
giunse nel cor, non per l'usata via,
che 'l sonno tenea chiusa, e 'l dolor molle;

quanto cangiata, oimè, da quel di pria!
Et parea dir: Perché tuo valor perde?
Veder quest'occhi anchor non ti si tolle.

34

Apollo, s'anchor vive il bel desio
che t'infiammava a le thesaliche onde,
et se non ài l'amate chiome bionde,
volgendo gli anni, già poste in oblio:

dal pigro gielo et dal tempo aspro et rio,

게으른 서리와 가혹하고도 심술궂은 날씨로부터,
그 영예롭고 성스러운 잎사귀를 보호해 주오,
이전에는 그대가, 이후에는 내가 빠져들었던 그 잎사귀를.

쓰디쓴 삶 속에서 그대가 놓지 않고 간직했던 희망,
사랑으로 가득한 희망의 덕목으로,
이 음울한 대기를 거두어주기를.

그리하면 우리는 경이로움에 사로잡혀 함께 바라보게 되리니
아름다운 여인이 풀밭에 앉아,
두 팔 벌려 자신의 그늘을 만들고 있는 모습을.

35

나 홀로 깊은 생각에 잠겨
느리고 더딘 걸음으로 황량한 땅을 측량해 보네,
모래 위에 남겨진 사람들의 발자국
그 어떤 흔적이든 그저 피하려는 눈으로.

사람들의 시선을 피해
나를 보호해 줄 어떤 다른 방패도 찾지 못했지,
기쁨을 모두 여의었건만
타버린 내 마음 밖으로 드러나거늘.

che dura quanto 'l tuo viso s'asconde,
difendi or l'onorata et sacra fronde,
ove tu prima, et poi fu' invescato io;

et per vertú de l'amorosa speme,
che ti sostenne ne la vita acerba,
di queste impressïon' l'aere disgombra;

sí vedrem poi per meraviglia inseme
seder la donna nostra sopra l'erba,
et far de le sue braccia a se stessa ombra.

35

Solo et pensoso i piú deserti campi
vo mesurando a passi tardi et lenti,
et gli occhi porto per fuggire intenti
ove vestigio human l'arena stampi.

Altro schermo non trovo che mi scampi
dal manifesto accorger de le genti,
perché negli atti d'alegrezza spenti
di fuor si legge com'io dentro avampi:

이제 모르긴 해도 산과 들
강과 숲은 알고 있으리니
모두에게 감추었던 내 삶이 어떠했는지.

그럼에도 라우라가 내게, 또 내가 라우라에게
다가가지 못해 언쟁조차 막아버리는
거칠고 황량한 길을, 나 다시 찾을지도 모르노라.

36

생각건대 나 죽어 벗어날 수 있었다면
나를 짓누르는 이 사랑의 고뇌에서,
혐오스러운 나의 수족과
번민의 짐마저 묻어버렸으련만.

하지만 죽음이 통하는 배일까 못내 두려워
비탄에서 비탄으로, 싸움에서 또 싸움으로,
아직 내게 닫혀 있는 그 길의 한편에서
반은 머물고, 반은 건너가네, 그 배를 타고.

지금은 그 무자비한 활시위에서
다른 연인들의 피에 젖고 얼룩진
최후의 화살이 떠나야 할 때.

sí ch'io mi credo omai che monti et piagge
et fiumi et selve sappian di che tempre
sia la mia vita, ch'è celata altrui.

Ma pur sí aspre vie né sí selvagge
cercar non so ch'Amor non venga sempre
ragionando con meco, et io co·llui.

36

S'io credesse per morte essere scarco
del pensiero amoroso che m'atterra,
colle mie mani avrei già posto in terra
queste membra noiose, et quello incarco;

ma perch'io temo che sarrebbe un varco
di pianto in pianto, et d'una in altra guerra,
di qua dal passo anchor che mi si serra
mezzo rimango, lasso, et mezzo il varco.

Tempo ben fôra omai d'avere spinto
l'ultimo stral la dispietata corda
ne l'altrui sangue già bagnato et tinto;

이제 간구하노니 라우라여, 귀머거리 여신[114]이여
그녀[115]의 색깔로 나를 칠한 채 내버려 두고,
데려가는 것을 잊어버리네.

37

버거운 나의 삶이 달려 있는
그 실은 너무도 약하여
누군가의 도움이 없다면,
내 삶의 여정은 종말로 달음질치리라.
그런데 달콤한 내 사랑에게서
냉혹한 이별을 당한
이후에, 오직 희망이
지금껏 나에게 살아야 할 이유를 가져다주며,
이렇게 말하네. 비록 그대가
사랑스러운 모습이 아니라 하더라도,
삶에 매달리라, 슬픈 영혼이여.
더 좋은 시절 더 즐거운 날에
그대가 돌아올는지,
그대가 잃었던 모든 행복을 되찾을는지. 그 누가 아는가?
희망은 한때 나를 지탱해 주었건만.
이제는 쇠하여, 나는 그 안에서 속절없이 늙어버렸나니.

---
114) 죽음의 여신.
115) 죽음을 의인화한 표현.

et io ne prego Amore, et quella sorda
che mi lassò de' suoi color' depinto,
et di chiamarmi a sé non le ricorda.

37

Sí è debile il filo a cui s'attene
la gravosa mia vita
che, s'altri non l'aita,
ella fia tosto di suo corso a riva;
però che dopo l'empia dipartita
che dal dolce mio bene
feci, sol una spene
è stato infin a qui cagion ch'io viva,
dicendo: Perché priva
sia de l'amata vista,
mantienti, anima trista;
che sai s'a miglior tempo ancho ritorni
et a piú lieti giorni,
o se 'l perduto ben mai si racquista?
Questa speranza mi sostenne un tempo:
or vien mancando, et troppo in lei m'attempo.

세월은 쏜살같고, 시간은 너무도 간절히
자신의 여행을 마무리 짓고 싶어 하는데,
내겐 죽음에 다다를 방식을
생각할 여유조차 없네.
동쪽 하늘에서 태양 광선을 보자마자
그 광선이, 맞은편 지평선 언덕에
길고 구불구불한 길을 따라 당도함을
그대는 보게 되리니.
우리의 삶은 짧고,
언젠가 죽을 운명인 인간의 육체는
너무도 힘에 겹고 연약하여,
그녀의 아름다운 얼굴 앞에 다시 설 때에도
무력해진 욕망으로 날갯짓조차 못하고,
그녀에게 다가설 수 없기에,
일상의 위안은 거의 남아 있지 않고,
고난 속에서 얼마나 살는지 모를 일이네.

하느님은 흡족하실지 모르나 나는 슬퍼하나니
내 달콤한 사념의 열쇠를 지닌
사랑스럽고 우아한 눈매를
어디에서도 볼 수 없음을.
잠잘 때도 걸어갈 때도 앉아 있을 때에도,
힘든 유배 생활이 나를 더욱 비통케 하도록,
나 아무것도 구걸하지 않았네,
그녀의 눈을 본 후 다른 어떤 눈도 나를 기쁘게 하지 않았나니.

Il tempo passa, et l'ore son sí pronte
a fornire il vïaggio,
ch'assai spacio non aggio
pur a pensar com'io corro a la morte:
a pena spunta in orïente un raggio
di sol, ch'a l'altro monte
de l'adverso orizonte
giunto il vedrai per vie lunghe et distorte.
Le vite son sí corte,
sí gravi i corpi et frali
degli uomini mortali,
che quando io mi ritrovo dal bel viso
cotanto esser diviso,
col desio non possendo mover l'ali,
poco m'avanza del conforto usato,
né so quant'io mi viva in questo stato.

Ogni loco m'atrista ov'io non veggio
quei begli occhi soavi
che portaron le chiavi
de' miei dolci pensier', mentre a Dio piacque;
et perché 'l duro exilio piú m'aggravi,
s'io dormo o vado o seggio,
altro già mai non cheggio,
et ciò ch'i' vidi dopo lor mi spiacque.

얼마나 많은 언덕과 개울이,
얼마나 많은 바다와 강들이
그 눈빛을 내게서 감추었는지,
나의 어둠을 밝은 대낮의 하늘로
만들었던 그 눈빛을,
회상하면 할수록 나를 더욱 소진케 만들고,
이 쓰라리고 냉혹한 현실은 나에게
그때가 얼마나 즐거웠는지 깨닫게 하네!

아아, 이렇게 되뇌어
나의 최상의 부분을 버려두고 떠났던
그날에 태어난
열렬한 소망을 되살릴 수 있다면,
그리고 사랑이 오랜 무관심으로 하여 떠나간다면,
그 누가 나에게 고통만 더하는,
유혹으로 인도하겠는가?
왜 나는 처음부터 침묵하며 바위로 변하지 않았는가?
확실히 유리나 수정은
결코 그 내면의 색조를
더 명확히 보여주지 않는 법이니,
나의 서글픈 영혼이 내 안의 생각을
드러내 보여주고,
내 두 눈을 만족시켜 줄 그녀만을 밤낮으로 찾는,
늘 눈물 젖은 내 눈을 통해 보여지는
이 마음속의 야성적인 달콤함을 드러내는 것보다는.

Quante montagne et acque,
quanto mar, quanti fiumi
m'ascondon que' duo lumi,
che quasi un bel sereno a mezzo 'l die
fer le tenebre mie,
a ciò che 'l rimembrar piú mi consumi,
et quanto era mia vita allor gioiosa
m'insegni la presente aspra et noiosa!

Lasso, se ragionando si rinfresca
quel'ardente desio
che nacque il giorno ch'io
lassai di me la miglior parte a dietro,
et s'Amor se ne va per lungo oblio,
chi mi conduce a l'ésca,
onde 'l mio dolor cresca?
Et perché pria tacendo non m'impetro?
Certo cristallo o vetro
non mostrò mai di fore
nascosto altro colore,
che l'alma sconsolata assai non mostri
piú chiari i pensier' nostri,
et la fera dolcezza ch'e nel core,
per gli occhi che di sempre pianger vaghi
cercan di et nocte pur chi glien'appaghi.

생경한 기쁨이라네, 인간의 천성 안에
때로 너무나 깊은,
탄식의 무리를 거두어들이는
낯선 것을 사랑하려는 경향이 있음은!
나 즐겨 우는 사람 중 하나로.
고통스러운 마음처럼
그렇게 나의 눈들도
눈물로 가득 차게 하는 재간이 많은 듯 여겨지네.
그 아름다운 눈을 논하는 것이
나를 이런 상태로 끌어들이기에,
내 내면 깊은 곳까지 감동시켜
움직이게 하는 것 전혀 없으나,
나 이따금 달려 나가고, 또다시 마음 안으로 숨어버리니,
그곳에서 내 고통은 더욱 넓게 넘쳐흐르고,
두 눈빛은 마음과 더불어 벌받는 것을,
라우라를 향한 길로 나를 이끌었던 것들이기에.

태양을 질투심으로 가득하게 하는
그 황금 머리 단,
그리고 그 시간[116]이 오기 전에 나를 혼절시키는,
사랑의 빛이 그토록 뜨겁게 머무는
고요하고도 아름다운 시선,
이미 정중하게 내게 주어진,

---

116) 죽음의 시간.

Novo piacer che negli umani ingegni

spesse volte si trova,

d'amar qual cosa nova

piú folta schiera di sospiri accoglia!

Et io son un di quei che 'l pianger giova;

et par ben ch'io m'ingegni

che di lagrime pregni

sien gli occhi miei sí come 'l cor di doglia;

et perché a·cciò m'invoglia

ragionar de' begli occhi,

né cosa è che mi tocchi

o sentir mi si faccia cosí a dentro,

corro spesso, et rïentro,

colà donde piú largo il duol trabocchi,

et sien col cor punite ambe le luci,

ch'a la strada d'Amor mi furon duci.

Le treccie d'òr che devrien fare il sole

d'invidia molta ir pieno,

e 'l bel guardo sereno,

ove i raggi d'Amor sí caldi sono

che mi fanno anzi tempo venir meno,

et l'accorte parole,

세상에서 유일한,
교묘한 말들이,
내게서 사라졌도다. 나는 용서하나니
다른 모든 무례함을,
나의 마음이 불타는 욕망에 싸인 채
사랑의 미덕으로 향하게 한
천사 같은 온화한 인사가
나를 거부한 것 외에는.
그러니 스스로 고통 속에서 헤매는 것 외에
다른 위로는 생각지도 못하네.

더 큰 기쁨에 또 눈물 흘리리,
하얗고 가느다란 손
부드러운 팔,
아름답고 당당한 몸짓,
오만한 겸손함과 달콤한 경멸,
아름답고 풋풋한 가슴,
고매한 지성의 탑,
내게서 감춰져 있더라도 이 거칠고 험한 세상으로 인해.
나 죽기 전에 다시 한 번
그녀와 만남을 바랄 수 있을까.
시간이 흐를수록
희망은 파도처럼 밀려오나 감당할 수 없기에,
다시금 추락하며 확인할 뿐
하늘이 영예를 준 이를 더 이상 보지 못함을,

rade nel mondo o sole,
che mi fer già di sé cortese dono,
mi son tolte; et perdono
piú lieve ogni altra offesa,
che l'essermi contesa
quella benigna angelica salute
che 'l mio cor a vertute
destar solea con una voglia accesa:
tal ch'io non penso udir cosa già mai
che mi conforte ad altro ch'a trar guai.

Et per pianger anchor con piú diletto,
le man'bianche sottili
et le braccia gentili,
et gli atti suoi soavemente alteri,
e i dolci sdegni alteramente humili,
e 'l bel giovenil petto,
torre d'alto intellecto,
mi celan questi luoghi alpestri et feri;
et non so s'io mi speri
vederla anzi ch'io mora:
però ch'ad ora ad ora
s'erge la speme, et poi non sa star ferma,
ma ricadendo afferma
di mai non veder lei che 'l ciel honora,

정직과 예의가 깃든 곳,
그곳에서 기도하리 나 또한 그곳에 머물기를.

노래여, 달콤한 그곳에서
우리의 숙녀를 본다면,
그녀가 사랑스러운 손을 내밀리라는 것을
그대도 알고 있음을 내 아느니,
나 이토록 멀리 떨어져 있는데.
그 손을 잡지 마오, 다만 그녀 발밑에 무릎 꿇고
가능한 한 그곳에 있겠노라고 그녀에게 말해 주오,
벌거벗은 영혼으로든 살과 뼈뿐인 육체의 인간으로든.

38

오르소,[117] 이곳에는 호수도 연못도 강도,
모든 물이 한데 합쳐지는 바다[118]도,
성벽과 언덕, 무성한 나뭇가지도,
하늘을 가리고 세상을 적실 안개도,

그 밖에 다른 장애물도 없었다네, 혹여 있다 해도 불만을 늘어 놓을 뿐,
그녀의 사랑스러운 두 눈을 가리는 베일보다 더,

---

117) 페트라르카의 친구.
118) 지중해.

ov'alberga Honestate et Cortesia,
et dov'io prego che 'l mio albergo sia.

Canzon, s'al dolce loco
la donna nostra vedi,
credo ben che tu credi
ch'ella ti porgerà la bella mano,
ond'io son sí lontano.
Non la tocchar; ma reverente ai piedi
le di' ch'io sarò là tosto ch'io possa,
o spirto ignudo od uom di carne et d'ossa.

38

Orso, e' non furon mai fiumi né stagni,
né mare, ov'ogni rivo si disgombra,
né di muro o di poggio o di ramo ombra,
né nebbia che 'l ciel copra e 'l mondo bagni,

né altro impedimento, ond'io mi lagni,
qualunque piú l'umana vista ingombra,

우리의 시야를 가릴 장애물 있어,
이제 눈물이 마르도록 울게나, 말하는 듯하구나.

아래로 향한 그녀의 시선[119]은
자만과 모욕감으로 모든 기쁨 앗아가고,
때 이른 내 죽음의 원인이 되리라.

그녀의 흰 손에 나 더욱 괴로워하리,
언제나 나를 좌절시키는 데는 재빨랐고,
내 눈에 암초가 되었던 바로 그 손.

39

나 두려워하노라 저 아름다운 눈의 공격을
그곳에 사랑과 죽음이 둥지 틀기에,
어린아이 회초리 피하듯 그 눈으로부터 도망쳤네,
이제 그녀를 떠난 지도 오랜 시간이 지났건만.

이제 내 욕망이 오르지 못할
고되고 높은 장소는 없으리
차가운 돌[120]처럼 버려두어 내 감각을
무디게 만든 이를 더 이상 만나지 않게.

---

119) 시인을 경멸하는 라우라의 시선.
120) 수치와 굴욕으로 인해 굳어버렸다는 의미.

quanto d'un vel che due begli occhi adombra,
et par che dica: Or ti consuma et piagni.

Et quel lor inchinar ch'ogni mia gioia
spegne o per humiltate o per argoglio,
cagion sarà che 'nanzi tempo i' moia.

Et d'una bianca mano ancho mi doglio,
ch'è stata sempre accorta a farmi noia,
et contra gli occhi miei s'è fatta scoglio.

39

Io temo sí de' begli occhi l'assalto
ne' quali Amore et la mia morte alberga,
ch'i' fuggo lor come fanciul la verga,
et gran tempo è ch'i' presi il primier salto.

Da ora inanzi faticoso od alto
loco non fia, dove 'l voler non s'erga
per no scontrar chî miei sensi disperga
lassando come suol me freddo smalto.

나를 고통스럽게 만드는 사람 곁에 있지 않도록
내 늦게 돌아가 당신을 보게 된다 해도,
그것이 어찌 용서받지 못할 잘못이란 말인가.

부언하건대 자신이 달아났던 곳으로 되돌아오고,
두려움에서 마음이 자유로워진 것은,
결코 작지 않은 나의 믿음[121] 때문이었다네.

40

만약 사랑과 죽음이 어떠한 걸림돌도 되지 않는다면
내가 지금 짜고 있는 새 직물에,
만약 강한 구속에서 벗어나,
다른 참사람과도 함께할 수 있다면.[122]

아마도 나의 작업은
근대의 문체와 고대의 언어[123] 모두를 아울러,
내 감히 말하건대,
로마에서도 그 성공의 굉음을 듣게 되리라.

---

121) 두려운 마음을 버리고 다시 아비뇽으로 돌아오게 한 친구 자코모 콜론나의 격려를 가리킴.
122) 그리스도교의 진리와 더불어 이교도의 현인들이 가르쳐준 지혜와도 함께한다는 의미.
123) 이탈리아 방언과 고대 라틴어.

Dunque s'a veder voi tardo mi volsi
per non ravvicinarmi a chi mi strugge,
fallir forse non fu di scusa indegno.

Piú dico, che 'l tornare a quel ch'uom fugge,
e 'l cor che di paura tanta sciolsi,
fur de la fede mia non leggier pegno.

40

S'Amore o Morte non dà qualche stroppio
a la tela novella ch'ora ordisco,
et s'io mi svolvo dal tenace visco,
mentre che l'un coll'altro vero accoppio,

i' farò forse un mio lavor sì doppio
tra lo stil de' moderni e 'l sermon prisco,
che, paventosamente a dirlo ardisco,
infin a Roma n'udirai lo scoppio.

그러나 나는 작업을 마무리할 수 없나니
내 존경하는 아버지[124]에게는 넘쳐 났던
복된 실들이 내겐 없기에,

왜 나에게는 두 손을 움켜쥐고 있는가,
그것은 당신다운 모습이 아닌 것을? 청컨대 제발 그 손들을 풀어주오,
그러면 우아한 것들이 다시 터져 나옴을 그대 보게 되리니.

41

포이보스[125]가 인간의 형상을 지녔을 적 사랑했던
그 나무가 뿌리내린 곳을 떠날[126] 때,
제우스의 매서운 번갯불을 새로이 일으키려고,
헤파이스토스는 가쁜 숨을 몰아 쉬며 땀을 흘렸네.

카이사르[127]가 아닌 야누스[128]에게 존경을 표하며,
위대한 제우스는 벼락을 치고, 눈을 내리며 비를 뿌리네.
대지는 흐느끼고 태양은 저 멀리 있나니,
다른 곳에 있는 사랑하는 여인을 보기 위하여.

---

124) 성 아우구스티누스.
125) 아폴론의 별칭.
126) 나무는 월계수를, 월계수는 라우라를 상징. 라우라가 아비뇽을 떠났다는 의미.
127) 카이사르의 이름에서 유래한 7월을 상징.
128) 그 이름을 딴 1월을 상징.

Ma però che mi mancha a fornir l'opra
alquanto de le fila benedette
ch'avanzaro a quel mio dilecto padre,

perché tien' verso me le man' sí strette,
contra tua usanza? I' prego che tu l'opra,
et vedrai rïuscir cose leggiadre.

41

Quando dal proprio sito si rimove
l'arbor ch'amò già Phebo in corpo humano,
sospira et suda a l'opera Vulcano,
per rinfrescar l'aspre saette a Giove:

il qual or tona, or nevicha et or piove,
senza honorar piú Cesare che Giano;
la terra piange, e'l sol ci sta lontano,
che la sua cara amica ved'altrove.

그때 화성과 토성[129]은 담대함을 다시 얻으니,
그 잔인한 별들, 무장한 오리온[130]은
가엾은 항해자의 밧줄과 키를 산산조각 내네.

성난 아이올로스[131]는 포세이돈과 헤라
또 우리 인간에게 깨닫게 하네, 천사와 같이
맑은 얼굴의 그녀가 떠나고 있음을.

42

겸손하고 온화하며 달콤한 미소는
전에 없는 그녀의 아름다움을 숨기지 못하기에,
그 옛날 시칠리아의 대장장이[132]는
대장간에서 헛되이 무기를 만들고 있네,

몽기벨로[133]에서 갖은 담금질을 견뎌낸
무기 제우스의 손을 떠나고,
그의 누이[134]는 새로운 생명을 얻는 듯 보이네
아폴론의 아름다운 시선을 받으며.

---

129) 겨울에 나타나는 별들.
130) 오리온 자리. 이 별이 저녁에 떠오르면 폭풍이 다가오는 징조로 생각했다고 함.
131) 「오디세이아」의 등장인물로 바람의 지배자.
132) 헤파이스토스.
133) 에트나 산. 헤파이스토스의 대장간이 있는 것으로 여겨지는 곳.
134) 대지의 여신 데메테르.

Allor riprende ardir Saturno et Marte,
crudeli stelle; et Orïone armato
spezza a' tristi nocchier' governi et sarte;

Eolo a Neptuno et a Giunon turbato
fa sentire, et a noi, come si parte
il bel viso dagli angeli aspectato.

42

Ma poi che 'l dolce riso humile et piano
piú non asconde sue bellezze nove,
le braccia a la fucina indarno move
l'antiquissimo fabbro ciciliano,

ch'a Giove tolte son l'arme di mano
temprate in Mongibello a tutte prove,
et sua sorella par che si rinove
nel bel guardo d'Apollo a mano a mano.

서쪽 해안에서 미풍이 불어와,
별다른 주의 없이도 항해는 안전해지고,
푸른 초원에는 온갖 꽃들이 피어나게 되나니.

그녀의 사랑스러운 얼굴,
숱한 눈물을 흘렸던 그 얼굴이었기에,
불길한 별들[135]이 사방으로 흩어지게 하네.

43

레토의 아들[136]은 이미 아홉 번이나
높다란 발코니에서 그녀[137]를 찾았네,
어떤 때는 그녀로 인해 헛되이 한숨지었고
지금은 다른 이의 탄식을 자아내는 그녀를.

가까이서든 멀리서든 그녀가 살던 곳을
발견치 못하고 찾다가 지쳐버리면,
그는 너무도 사랑했던 것을 잃고,
비탄에 잠겨 넋 나간 사람처럼 우리를 바라보네.

그렇게 홀로 멀리 떨어져 슬픔에 잠긴 채,

---

135) 화성과 토성.
136) 아폴론.
137) 다프네.

Del lito occidental si move un fiato,

che fa securo il navigar senza arte,

et desta i fior' tra l'erba in ciascun prato.

Stelle noiose fuggon d'ogni parte,

disperse dal bel viso inamorato,

per cui lagrime molte son già sparte.

43

Il figliuol di Latona avea già nove

volte guardato dal balcon sovrano,

per quella ch'alcun tempo mosse invano

i suoi sospiri, et or gli altrui commove.

Poi che cercando stanco non seppe ove

s'albergasse, da presso o di lontano,

mostrossi a noi qual huom per doglia insano,

che molto amata cosa non ritrove.

Et cosí tristo standosi in disparte,

내가 살아 있는 한, 수천 장에 걸쳐 찬양될
그녀의 얼굴이 돌아오는 모습을 그는 보지 못했네.

그 아름다운 두 눈이 눈물에 젖어,
그녀의 얼굴 역시 연민으로 얼룩져 변해 버렸네.
허나 그녀는 예전의 모습[138]을 간직하고 있었네.

44

테살리아에서 치밀하게 준비한 손으로
무고한 시민의 선홍빛 피를 흘리게 했던 이 사람,[139]
사위[140]의 죽음에 울고 있구나,
모두에게 잘 알려진 얼굴[141]을 단번에 알아보고는.

골리앗의 이마를 박살 냈던 양치기,[142]
반란을 일으켰던 가족[143]의 죽음에 슬퍼하고,
선한 사울의 죽음에 속눈썹을 바꾸었으니,[144]
잔인한 산[145]마저도 비탄에 잠길 수 있었으리라.

---

138) 어둡고 슬픈 모습.
139) 율리우스 카이사르.
140) 폼페이우스.
141) 이집트 왕 프톨레마이오스 13세가 카이사르에게 보낸 폼페이우스의 잘린 머리를 말함.
142) 다윗.
143) 다윗의 아들 압살롬.
144) 매우 슬퍼했다는 뜻.

tornar non vide il viso, che laudato
sarà s'io vivo in piú di mille carte;

et pietà lui medesmo avea cangiato,
sí che' begli occhi lagrimavan parte:
però l'aere ritenne il primo stato.

44

Que' che 'n Tesaglia ebbe le man' sí pronte
a farla del civil sangue vermiglia,
pianse morto il marito di sua figlia,
raffigurato a le fatezze conte;

e 'l pastor ch'a Golia ruppe la fronte,
pianse la ribellante sua famiglia,
et sopra 'l buon Saúl cangiò le ciglia,
ond'assai può dolersi il fiero monte.

하지만 그대는, 결코 자비심에 낯빛 바꾸지 않고,
언제나 자신의 방어에 급급하구나
헛되이 당겨지는 사랑의 활에 맞서.

그대 천 번이나 죽었음 직한 내 모습을 보았으련만.
단 한 번도 그대의 아름다운 두 눈에서
눈물 떨어짐 본 적 없고, 오로지 경멸과 분노만 가득했다네.

45

사랑과 하늘의 영예로 빛나는 그대의 두 눈을
좇으려 한 나의 적[146]은,
인간적인 우아함과 달콤함보다는
있는 그대로의 아름다움으로 그대를 매혹시키네.

정적의 권고에 못 이겨, 여인이여, 그대 나를 내쫓았나니
달콤한 나의 보금자리 밖으로.
비참한 추방이어라, 비록 그대 홀로 머무는 곳에
내 있을 까닭 없다 하여도.

그러나 만일 내가 그대 안에 단단한 못으로 박혀 있다면,[147]

---

145) 사울이 죽은 길보아 산.
146) 여기서는 거울을 의미.
147) 예수가 십자가에 못 박힌 고난과 시련을 상징.

Ma voi che mai pietà non discolora,
et ch'avete gli schermi sempre accorti
contra l'arco d'Amor che 'ndarno tira,

mi vedete straziare a mille morti:
né lagrima però discese anchora
da' be' vostr'occhi, ma disdegno et ira.

45

Il mio adversario in cui veder solete
gli occhi vostri ch'Amore e 'l ciel honora,
colle non sue bellezze v'innamora
piú che 'n guisa mortal soavi et liete.

Per consiglio di lui, donna, m'avete
scacciato del mio dolce albergo fora:
misero exilio, avegna ch'i' non fôra
d'abitar degno ove voi sola siete.

Ma s'io v'era con saldi chiovi fisso,

어떤 거울도 그대를 냉혹하고 오만하게 할 필요가 없을 텐데,
그대 자신이 만족하니까.

만일 나르키소스를 그대가 마음속으로 떠올린다면,
이 길이나 저 길이나 한 끝으로 가기는 마찬가지,[148]
비록 하찮은 풀이 그토록 아름다운 꽃을 피운다 한들.

46

황금과 진주, 붉은 꽃 흰 꽃 들은,
겨울이라 시들고 메마르는데,
나에겐 쓰라리고 독살스러운 가시가 되어,
내 가슴과 옆구리로 파고드누나.

눈물로 얼룩진 나의 생은 나날이 피폐해져 가,
고통이 클수록 쉽사리 사그라지지 않아.
죽음의 거울들을 나는 더욱 비난한다네,
그대를 열망하다 녹초가 되었기에.

거울들은 나를 위해 기도했던,
나의 주인[149]에게 침묵을 강요하고, 주인은 아무 말 없이,
자신 안에서 끝나 가는 그대의 욕망을 응시하노라.

---

148) 라우라나 나르키소스나 결국은 죽을 수밖에 없는 동일한 운명에 처해 있다는 뜻.
149) 사랑을 가리킴.

non devea specchio farvi per mio danno,
a voi stessa piacendo, aspra et superba.

Certo, se vi rimembra di Narcisso,
questo et quel corso ad un termino vanno,
benché di sí bel fior sia indegna l'erba.

46

L'oro et le perle e i fior' vermigli e i bianchi,
che 'l verno devria far languidi et secchi,
son per me acerbi et velenosi stecchi,
ch'io provo per lo petto et per li fianchi.

Però i dí miei fien lagrimosi et manchi,
ché gran duol rade volte aven che 'nvecchi:
ma piú ne colpo i micidiali specchi,
che 'n vagheggiar voi stessa avete stanchi.

Questi poser silentio al signor mio,
che per me vi pregava, ond'ei si tacque,
veggendo in voi finir vostro desio;

거울들은 지옥의 강물 위에서
만들어지고, 영원한 망각 속에서 담금질되네,
내 죽음이 비롯되는 바로 그곳에서.

47

이미 나는 마음으로 느꼈네
그대에게서 생명을 얻었던 정신이 스러지고 있음을.
지상의 동물이라면 당연히
죽음에 맞서야 하나니,

난 열정을 펼쳐, 자제하며,
거의 잃을 뻔한 길 위에 내려놓았네.
열정은 밤낮으로 나를 그 길로 초대하지만,
나는 다른 곳으로 가려 하네.

수줍음 많고 게으른 나를 이끌어,
그 아름다운 눈길을 다시 보게 하지만
그대에게 부담 줄까 내 모습만 바라보네.

이제 나는 조금 더 살리라, 나의 삶에
단 한 번의 그대 눈길이 그토록 힘이 되기에.
내가 열정을 신뢰하지 않게 될 때, 그때 죽으리.

questi fuor fabbricati sopra l'acque
d'abisso, et tinti ne l'eterno oblio,
onde 'l principio de mia morte nacque.

47

Io sentia dentr'al cor già venir meno
gli spirti che da voi ricevon vita;
et perché natur-almente s'aita
contra la morte ogni animal terreno,

largai 'l desio, ch'i' teng'or molto a freno,
et misil per la via quasi smarrita:
però che dí et notte indi m'invita,
et io contra sua voglia altronde 'l meno.

Et mi condusse, vergognoso et tardo,
a riveder gli occhi leggiadri, ond'io
per non esser lor grave assai mi guardo.

Vivrommi un tempo omai, ch'al viver mio
tanta virtute à sol un vostro sguardo;
et poi morrò, s'io non credo al desio.

48

불이 불로 소진되지 않고,
강이 비로 인해 고갈되지 않듯,
만물은 항시 같음으로 서로 보태어지고,
더러는 다름으로 서로를 키워준다네.

라우라여, 그대는 우리 모든 생각의 지배자,
두 몸 안에 깃든 영혼의 안식처,
왜 그대는 영혼 안에 깃들면서
강렬한 나의 욕망을 덜으려만 하는가?

아마도 그것은 높은 데서 떨어지는 나일 강이
그 거대한 소리로 주변을 귀먹게 하고,
태양이 응시하는 자를 눈멀게 하는 것과 같은바.

이처럼 조화를 잃은 욕망이란,
그대로 놓아두면 제 풀에 사그라지고,
지나친 박차 또한 되레 도주를 늦추는 법인 것을.

49

나 모든 거짓으로부터 온 힘을 다해
늘 그대를 지키면서 최대의 경의를 표해 왔건만,

48

Se mai foco per foco non si spense,
né fiume fu già mai secco per pioggia,
ma sempre l'un per l'altro simil poggia,
et spesso l'un contrario l'altro accense,

Amor, tu che' pensier' nostri dispense,
al qual un'alma in duo corpi s'appoggia,
perché fai in lei con disusata foggia
men per molto voler le voglie intense?

Forse sí come 'l Nil d'alto caggendo
col gran suono i vicin' d'intorno assorda,
e 'l sole abbaglia chi ben fiso 'l guarda,

cosí 'l desio che seco non s'accorda,
ne lo sfrenato obiecto vien perdendo,
et per troppo spronar la fuga è tarda.

49

Perch'io t'abbia guardato di menzogna
a mio podere et honorate assai,

그대의 감사할 줄 모르는 혀는 존경에
답하지 않고 수치와 분노만 가져다주었나니.

자비를 구하고 도움을
필요로 할수록, 그대 한층 더 냉정하게
변하고, 말을 한다 해도,
꿈꾸는 이의, 허황된 말뿐이었네.

슬픔 어린 눈물로, 밤이면 밤마다
홀로 있고 싶을 때 그대는 함께 있다가,
평화를 찾을 즈음엔 나를 버리는구나.

그대, 슬픔과 고통은 너무도 빨리 안겨주면서,
비탄에 잠긴 한숨은 더디 나오게 하나니.
오직 내 표정과 몸짓만이 마음을 드러낼 뿐이네.

50

하늘이 재빨리 서쪽을 향해 고개를 숙이는
때에는, 그리고 우리의 낮이 어쩌면 저편에서
그[150]를 기다려온 사람들에게로 날아가는 때에는,
머나먼 나라에 홀로 있다는 외로움에,

---

150) 직접적으로는 태양을 가리키는 말이지만, 라우라를 암시하고 있음.

ingrata lingua, già però non m'ài
renduto honor, ma facto ira et vergogna:

ché quando piú 'l tuo aiuto mi bisogna
per dimandar mercede, allor ti stai
sempre piú fredda, et se parole fai,
son imperfecte, et quasi d'uom che sogna.

Lagrime triste, et voi tutte le notti
m'accompagnate, ov'io vorrei star solo,
poi fuggite dinanzi a la mia pace;

et voi sí pronti a darmi angoscia et duolo,
sospiri, allor traete lenti et rotti:
sola la vista mia del cor non tace.

50

Ne la stagion che 'l ciel rapido inchina
verso occidente, et che 'l dí nostro vola
a gente che di là forse l'aspetta,
veggendosi in lontan paese sola,

피곤한 노파는 순례의
발걸음을 더욱더 재촉해 가는구나.
그리하여 비록 홀로일지라도
하루의 끝에서
잠시의 휴식으로, 지나온 길의 권태와 불행을
그녀는 망각하기에
더러 위로를 받곤 하네.
허나, 어찌 하리오, 하루가 내게 주는 온갖 고통은
우리로부터 영원한 빛이
떠나려 하는 매 순간 커져만 가는 것을.

태양의 수레바퀴가 밤에게 길을 터주려
타오르기 시작하고, 그림자가
높은 산 아래로 길게 드리워질 때,
의욕적인 일꾼은 자신의 연장을 서둘러 챙겨 넣고,
산(山) 노래로 그날의 힘들었던
가슴속 삶의 무게를 털어놓네.
그리고 식탁 위엔 소찬이지만
한가득 음식을 늘어놓지,
세상 사람들이 말로는 좋다 하면서,
사실은 꺼리는 도토리 같은.
그러나 때론 스스로 원할 때면 즐기기도 하는 법,
하늘과 별이 두루 바뀌어도,[151] 편히 쉬는 것이,

---

151) 낮과 밤이 바뀌는 것.

la stanca vecchiarella pellegrina
raddoppia i passi, et piú et piú s'affretta;
et poi cosí soletta
al fin di sua giornata
talora è consolata
d'alcun breve riposo, ov'ella oblia
la noia e 'l mal de la passata via.
Ma, lasso, ogni dolor che 'l dí m'adduce
cresce qualor s'invia
per partirsi da noi l'eterna luce.

Come 'l sol volge le 'nfiammate rote
per dar luogo a la notte, onde discende
dagli altissimi monti maggior l'ombra,
l'avaro zappador l'arme riprende,
et con parole et con alpestri note
ogni gravezza del suo petto sgombra;
et poi la mensa ingombra
di povere vivande,
simili a quelle ghiande,
le qua' fuggendo tutto 'l mondo honora.
Ma chi vuol si rallegri ad ora ad ora,
ch'i' pur non ebbi anchor, non dirò lieta,

꼭 기쁜 일은 아니지만,
쉴 시간 하나 없는 내 모습이라.

양치기는 본다네, 거대한 천구의 광선이
자신이 사는 둥지로 지고,
동쪽이 어둡게 변함을,
그때 그는 곧장 일어나 손에 익은 지팡이를 들고,
풀과 샘과 너도밤나무를 뒤로한 채,
고요히 양 떼를 몰고 자신의 길을 떠나지.
그는 사람들에게서 멀리 떨어져
오두막이나 동굴을
초록 잎으로 덮고는.[152]
아무 생각 없이 누워 잠을 청한다네.
허나, 아 잔인한 사랑, 그대는 나를 재촉하여
나를 파괴시키는 야수의 목소리와 발자국과,
흔적들을 뒤쫓게 하나니,
웅크리다 도망가는 그녀[153]를, 그대는 잡지 못하리.

일몰이 되면 뱃사람들은 안전하게 둘러 쳐진 만(灣)[154]에서
온몸을 늘어뜨리고, 딱딱한 갑판 위,
거친 돛대 아래서, 잠에 취해 있네.
태양이 이내 파도 속으로 뛰어들어,

---

152) 보카치오가 사용한 은유로, 결혼 침대를 준비한다는 의미.
153) 그리스 신화의 다프네, 즉 라우라를 지칭.
154) 페트라르카가 한때 은거한 적이 있는 아비뇽 인근을 말함.

ma riposata un'hora,
né per volger di ciel né di pianeta.

Quando vede 'l pastor calare i raggi
del gran pianeta al nido ov'egli alberga,
e 'nbrunir le contrade d'orïente,
drizzasi in piedi, et co l'usata verga,
lassando l'erba et le fontane e i faggi,
move la schiera sua soavemente;
poi lontan da la gente
o casetta o spelunca
di verdi frondi ingiuncha:
ivi senza pensier' s'adagia et dorme.
Ahi crudo Amor, ma tu allor piú mi 'nforme
a seguir d'una fera che mi strugge,
la voce e i passi et l'orme,
et lei non stringi che s'appiatta et fugge.

E i naviganti in qualche chiusa valle
gettan le membra, poi che 'l sol s'asconde,
sul duro legno, et sotto a l'aspre gonne.
Ma io, perché s'attuffi in mezzo l'onde,

등 뒤로 스페인, 그라나다, 모로코,
지브롤터 해협[155]의 기둥들[156]만 남긴다 해도,
모든 남녀
세상 사람들과 동물들이
숱한 질병으로부터 안식을 누린다 해도,
나의 이 끈질긴 격통(激痛)은 다함이 없네.
이렇듯 하루하루 더해 가는 고뇌는 나를 아프게 하고,
사랑에 대한 나의 갈망은 벌써 십 년이 가까워도
마냥 커져만 가기에,
그 족쇄에서 풀어줄 이 누군가 궁금할 뿐.

왜 나는 말을 하면서도 내 마음을 조금만 드러내는지,
들판에서 그리고 쟁기질한 이랑에서
저녁 무렵 황소들은 점점이 돌아오는데.
왜 나의 한숨은 잦아들지 않는가
언제까지나 나는 그 무거운 멍에를 벗어던지지 못하는가?
왜 밤낮 내 눈은 눈물에 젖어 있는가?
가여운 나, 무엇을 원했던가
나 처음으로 그토록 시선이 고정되어
그녀의 아름다운 얼굴 속에 내 눈이 붙들려
온전치 못한 상상 속에서 그 얼굴 조각하려 했을 때
결코 힘[157]으로도 예술로도

---

155) 대서양에 지중해로 들어가는 유일한 통로로, 고대 신들이 거한다 하여 가는 것이 금기시되어 있었음.
156) 그리스 신화에 나오는 '헤라클레스의 기둥'을 의미.

et lasci Hispagna dietro a le sue spalle,
et Granata et Marroccho et le Colonne,
et gli uomini et le donne
e 'l mondo et gli animali
aquetino i lor mali,
fine non pongo al mio obstinato affanno;
et duolmi ch'ogni giorno arroge al danno,
ch'i' son già pur crescendo in questa voglia
ben presso al decim'anno,
né poss'indovinar chi me ne scioglia.

Et perché un poco nel parlar mi sfogo,
veggio la sera i buoi tornare sciolti
da le campagne et da' solcati colli:
i miei sospiri a me perché non tolti
quando che sia? perché no 'l grave giogo?
perché dí et notte gli occhi miei son molli?
Misero me, che volli
quando primier sí fiso
gli tenni nel bel viso
per iscolpirlo imaginando in parte
onde mai né per forza né per arte

움직이지 않으리, 결국엔 모든 것을 분리시키는 자[158]에게
나 온전히 사로잡힐 때까지는!
나 역시 모르는 것을, 그녀[159]에 대해 무엇을 믿어야 하는지.[160]

노래여, 나와 함께 아침부터
저녁까지 있는 것이 만약
그대를 내 편이 되게 했다면,
어떤 곳에서도 자신을 드러내지 않았으리라.
그대는 다른 이들의 칭찬에 마음 쓰지 않으리,
이 산 저 산 다니며 사색에 잠기면 그만이기에
어떻게 내 마음 의지하는
살아 있는 돌[161]로 된 불꽃은, 나를 이 지경으로 만들었는가.

---

157) 신의 의지.
158) 모든 것이 해체되는 것, 곧 죽음을 의미.
159) 죽음.
160) 죽음 또한 라우라의 모습을 내 영혼에서 지울 수 있을지 모르기 때문에.
161) 라우라의 냉담함에 대한 비유.

mosso sarà, fin ch'i' sia dato in preda
a chi tutto diparte!
Né so ben ancho che di lei mi creda.

Canzon, se l'esser meco
dal matino a la sera
t'à fatto di mia schiera,
tu non vorrai mostrarti in ciascun loco;
et d'altrui loda curerai sí poco,
ch'assai ti fia pensar di poggio in poggio
come m'à concio 'l foco
di questa viva petra, ov'io m'appoggio.

작품 해설

1

프란체스코 페트라르카(1304~1374)는 이탈리아 인문주의를 대표하는 시인이자 라틴어 학자이다. 그는 1304년 7월 20일 이탈리아 아레초에서 태어나 1374년 7월 19일 아르콰에서 생을 마칠 때까지 약 70년간의 삶을 통해 문학에 대한 사랑을 철저하게 실천한 계관 시인이다.

피렌체의 공증인이었던 페트라르카의 아버지 페트라코는 「신곡」의 저자 단테 알리기에리(Dante Alighieri)와도 친교를 맺었던 인물로 1302년 피렌체를 휩쓴 정치 싸움에 휘말려 고향 피렌체를 떠나 망명 길에 오르게 된다. 그 첫 피신처가 바로 피렌체 근처의 아레초였고, 이곳에 머무르던 동안에 페트라르카가 태어난 것이다. 페트라르카는 공증인으로서 가업을 잇게 하려 한 부친의 뜻에 따라 1316년 몽펠리에 대학에 입학하여 동생 게라르도와 함께 법학을 공부했고, 4년 뒤에는 볼로냐 대학으로 옮겨서 법학 공부를 6년간 계속했지만, 그는 법학보다는 라틴어로 써진 고전문학에 더 관심을 갖고 있었다. 그 가운데서도 특히 키케로, 리비우스, 베르길리우스와 같은 고전 작가들의 작품들에 심취해 있었다. 페트라르카는 1318년 모친의 사망에 이어 그의 일생에 전환점을 안겨다 준 부친의 사망(1326년) 이후 볼로냐에서 하던 법학 공부를 중단하고 아비뇽으로 돌아가 고전문학에 대한 열정을 키우며 지내던 중, 1327년 4월 6일 성금요일에 생클레르 성당에서 라우라를 처음으로 만난다. 이 여인이 바로 시인 페트라르카의 영원한 사랑으로서 그에게 끊임없는 시적 영감을 불러일으킨 장본인이다. 부친이 남겨준 상당한 재산 덕에 아무런 걱정 없이 여유로운 삶을 영위하던 페트라르카는 1330년경 재정난에 봉착하여 새로운 일을 시작해야 하는 지경에 이른다. 자신이 십여 년간 공부해 왔던 법률 관련 분야에서 일을 찾을 생각은 없었기에 페트라르카는 당시 경제적인 보호도 받으면서 사회적 신분상으로도 대접을 받을 수 있는 성직자의 길을 택하게 된다.

성직자가 된 페트라르카는 당시 교황청이 있었던 아비뇽에서 수많은 고위 성직자들, 유명한 콜론나 가문의 자코모와 조반니, 유명 정치가들, 귀족들과 친분을 쌓고 좋은 관계를 유지하며 그들과 동행하여 프랑스 여러 지방, 플랑드르, 독일 등지를 여행한다. 그 당시 인습에 의하면 여행이란 주로 종교 혹은 사업과 관련된 것이었는데, 페트라르카의 여행은 새로운 것을 보겠다는 목적을 가지고 있었다는 점이 남다르다. 1335년에서 1353년까지 여행을 즐기다가 그는 마침내 프로방스 지방에 있는 보클뤼즈로 거처를 옮겨 은둔 생활을 하게 되는데, 이곳에서 「목가 시 *Bucolicum carmen*」, 「고독

한 삶에 대하여 *De vita solitaria*」, 「비밀 *Secretum*」, 「아프리카 *Africa*」 등을 저술하는 왕성한 창작열을 보여주었다. 그리고 한니발을 격파한 스키피오 장군을 찬양하는 장시 「아프리카」로 1341년 부활절 주일에 로마 계관 시인의 칭호를 수여받는다.

한편 사제의 신분으로 세속적인 욕망을 드러낸 사건도 있었는데, 1337년과 1343년 아비뇽에서 한 여인과의 사이에 아들 조반니와 딸 프란체스카를 얻은 사건이 바로 그것이다. 『칸초니에레』의 서시 격인 아래 작품을 보면 이러한 젊은 날의 과오를 괴로워하는 시인의 심리 상태를 엿볼 수 있다.

그대 들어보구려, 흩어진 시구로 이루어진 그 소리, 그 한탄
나 그 안에서 마음의 자양분 취하고
내 젊은 날의 첫 실수 위에
지금의 나와는 사뭇 달랐던 그때,

내가 울며 생각에 잠겼던 다양한 시 속에서
헛된 희망과 고통 사이를 헤매며,
시련을 통해 사랑을 알게 되는 누군가 있다면,
바라건대 용서뿐 아니라 연민까지도 얻으리.

이제야 나는 알게 되었네
사람들에게 오래도록 조소거리였음을
가끔은 스스로 부끄러워진다네.

내 철부지 같은 사랑 행각은 수치심이요, 뉘우침이니,

분명코 깨달은 바는
세상 사람들이 그토록 좋다 하는 연애가 한낱 꿈에 불과한 것을.

    1348년 페트라르카는 이탈리아 파르마에 잠시 머무르는 동안 자신의 영원한 연인인 라우라가 페스트로 죽었다는 비보를 접한다. 이로부터 몇 년 후인 1353년 그는 프랑스를 떠나 이탈리아로 영구 귀국한다. 돌아오는 길에 프랑스와 이탈리아의 국경 근처에 위치한 몽주네브르 고개에 올라 조국에 대한 감동을 노래한 라틴어 시가 바로 「이탈리아에게 *Ad Italiam*」이다. 그는 밀라노에 있는 비스콘티 가문에서 8년 동안 머물렀고, 그 후에는 베네치아와 파도바에서 살았다. 말년에는 파도바에서 조금 떨어진 아르콰의 에우가네이 언덕에서 포도밭과 올리브 밭에 둘러싸여 살다가 1374년 7월 19일 70세를 일기로 생을 마쳤다. 현재 아르콰 성당의 공동묘지에 시인의 유해가 안치되어 있다.

2

    페트라르카의 라틴어 산문 작품들 중 특별히 언급할 가치가 있는 것으로는 「비밀」을 들 수 있다. 이 작품은 페트라르카와 성 아우구스티누스 사이의 사흘간에 걸친 대화로 이루어져 있는데, 허영심으로 가득 차고 부와 명예를 사랑하는 불안정한 자신을 질책하는 내용을 담고 있다. 특히 이 작품은 페트라르카 자신의 영혼의 고뇌에 대한 비밀과 내면적 삶을 냉철하게 분석하고 있다. 「비밀」뿐만 아니라 페트라르카가 라틴어로 쓴 대부분의 작품들은 명상

적, 종교적, 사상적인 특성을 띠며, 개인의 의미와 가치에 비중을 두고 있다. 「비밀」에 이어 페트라르카는 인간 한계의 속성에서 비롯된 고통의 의미를 사랑을 통해 극복하고자 한 시집 『칸초니에레』를 탄생시킨다. 『칸초니에레』는 이탈리아 인문주의 시인 페트라르카의 불후의 명작으로, 이탈리아 서정시의 효시이다. 또한 서양 시 문학사상 가장 절대적인 영향력을 보여준 시집이자, 서양 근대 서정시의 정전(正典)이라고도 할 수 있다.

페트라르카는 라틴어가 문화적 우위를 점하고 있던 당시에 라틴 속어 중 하나인 이탈리아 토스카나 지방의 방언으로 된 시집에 'Rerum vulgarium fragmenta(속어 단편 시모음)'라는 라틴어 제목을 붙였다. '칸초니에레'라는 이탈리아어 제목은 16세기 초에 붙여진 것으로 추정된다. 보통 라틴어 제목은 학술적인 글에서 사용되고 일반적으로 시집을 소개하는 경우에는 모두 칸초니에레로 통용된다. 원래 칸초니에레란 이탈리아어로 '시집'이라는 뜻이다. 따라서 일반적인 시집을 가리키는 말로 사용될 수도 있지만 일반적으로 칸초니에레라고 하면 라틴어가 아닌 이탈리아어로 써진 페트라르카의 시집을 가리킨다. '열흘간의 이야기'라는 뜻을 가진 '데카메론'이 보카치오의 작품을 가리키는 고유명사처럼 사용되고 있는 것과 마찬가지다.

페트라르카의 시집 『칸초니에레』에 수록된 작품은 총 366편으로, 그중 317편은 소네트, 그리고 칸초네 29편, 세스티나 9편, 발라드 7편, 마드리갈 4편으로 구성되어 있다. 이 시집은 바티칸 도서관에 필사본으로 보존되어 있으며, 그중에는 페트라르카의 친필도 있다. 내용을 살펴보면 약 30편의 시를 제외하고는 모두 라우라에 대한 사랑을 읊은 시이다. 라우라라는 여인의 삶과 죽음은 페트라르카의 시에서 중요한 모티브로 작용하고 있다. 그래서 『칸초니에레』는 크게 라우라의 생전과 사후, 이렇게 두 부분으로 나뉜다. 첫 번째 서시에서부터 263번째 시까지는 라우라 생전의 시로, 264번째 시에서부터 마지막 366번째 시까지는 라우라 사후의 시로 보는 것이다. 라우라의 생전에 해당되는 부분에서 페트라르카의 사랑은 매우 인간적인 감정이며, 때로는 열정적인 충동마저도 불러일으킨다. 페트라르카의 작품 속에 나타나는 라우라는 현실적인 선과 색을 가지고 있다. 그래서 페트라르카는 그녀의 금발, 빛나는 눈, 검은 속눈썹, 가녀린 손을 노래한다. 라우라의 사후에 해당되는 부분에서 페트라르카는 라우라가 죽은 후까지도 계속되는 자신의 사랑을 천상의 것으로 승화시키고 있다. 환상 속의 그녀는 화려하고 아름답지만, 때로는 어머니와 같이 따스하고 온화한 존재로 표현되고 있기도 하다.

『칸초니에레』는 천상과 지상 사이, 육체와 정신 사이의 치유될 수 없는 갈등을 지배하는 사랑 이야기다. 인간적인 것, 특히 아름다움의 덧없음에 대한 묵상에서 갈등은 더욱 깊어진다. 그의 영혼 속의 이러한 대립 관계는 극적으로 발전되지는 않지만, 눈물과 탄식을 동반하는 우울한 것으로 나타난다. 이 시집은 첫 번째 소네트에서 마지막 칸초네에 이르기까지 일관성 있는 면모를 보여준다. 첫 번째 소네트에서 이미 페트라르카는 정열의 헛됨을 확신하고 있으며, 마지막 칸초네에서 그의 사상은 천상의 것들과 죽음 쪽으로 기울어져서 성모마리아에게 용서와 보호를 간청하고 있다. 산, 해변, 강, 숲 등으로 이루어진 자연은 페트라르카의 감정을 훌륭하게 반영하고 그의 즐거움과 고통을 함께하며 내면적인 교감을 통해 시인의 내부에 깊이 자리 잡고 있다.

이 번역본에 실린 50편의 시들은 『칸초니에레』의 서시에서 50번째까지에 해당하는 시들로서 라우라 생전의 시들에 속한다. 그런데 실질적으로 서시는 라우라가 사망한 후인 1349년(또는 1350년)을 창작 연도로 보고 있다. 그래서 정확하게는 서시와 라우라 생전의 시들 49편이라고 할 수 있다. 이중 칸초네 5편(23, 28, 29, 37, 50), 발라드 2편(11,14), 세스티나 2편(22, 30)을 제외한 41편은 모두 소네트다.

소네트 형식은 1241년 이탈리아 시칠리아학파의 자코모 다 렌티니에 의해 만들어진 시 형식으로, 이탈리아에서 소네트를 완벽하게 아름다운 시로 완성하고 발전시킨 장본인이 바로 페트라르카다. 이 페트라르카의 소네트를 모방하여 시를 창작하고자 했던 아류들이 이후 서구 문학에서 400년 동안이나 이어진 것을 보면 그 영향력을 가히 짐작하고도 남을 것이다. 이를 일컬어 '페트라르키즘'이라 부르고 있으며, 현존하는 이탈리아 최고의 서정시인이자 국민 시인인 마리오 루치에게서도 그 영향력이 발견되고 있다.

참고로 본 번역 작업에서는 이탈리아어판 Francesco Petrarca, *Canzoniere*(Milano : Fetrinelli, 1992), Francesco Petrarca, *Canzoniere*(Torino: Einaudi, 1992)와 영어판 Francesco Petrarca, *Canzoniere*, tr. by Mark Musa(Bloomington & Indianapolis: Indiana University Press, 1999), Francesco Petrarca, *Canzoniere*, tr. by James Wyatt Cook(Binghamton: Medieval & Reniassance Texts & Studies, 1996)을 주요 텍스트로 사용했다.

김효신

작가 연보

1304년   이탈리아 아레초에서 출생.
1311년   아버지 페트라코를 따라 가족 모두 이탈리아 피사로 이주.
1312년   프랑스 아비뇽으로 이주.
1316년   몽펠리에 대학에서 수학.
1318년   어머니 엘레타 사망.
1320년   동생 게라르도와 함께 볼로냐 대학으로 옮겨 수학.
1326년   아버지 페트라코 사망, 아비뇽으로 다시 돌아옴.
1327년   4월 6일, 아비뇽의 생클레르 성당에서 라우라와 첫 만남.
1330년   교구 사제의 길을 걷기 시작.
1337년   소르그 강가의 보클뤼즈로 거처를 옮김, 아들 조반니 출생.
1341~1342년   라틴어 시 「아프리카」 초고 완성.
1342~1343년   『칸초니에레』 초고, 라틴어 산문 「비밀」 초고 완성.
           딸 프란체스카 출생.
1348년   페스트가 창궐하여 라우라와 추기경 콜론나를 비롯한 수

	많은 지기들과 문예 후원자들이 사망.
1356년	『칸초니에레』 세 번째 원고 수정.
1359년	밀라노로 돌아옴. 조반니 보카치오가 집에 한 달 동안 체류.
1362년	『칸초니에레』 네 번째 원고 수정.
1368년	파비아를 떠나 파도바로 옮김. 보카치오가 재차 방문.
1369년	열병에 걸려 몸이 극도로 쇠약해짐.
1370년	아르콰로 이주.
1371년	교황 우르바노 5세 사망. 그레고리오 11세 교황 계승. 아비뇽으로 여행하려다 열병이 재발하여 포기.
1373년	『칸초니에레』 여덟 번째 원고 수정.
1374년	『칸초니에레』 아홉 번째 원고 수정, 최종 원고 마무리. 7월 18일 열병이 또 다시 발병하여, 7월 19일 아르콰에서 사망.

옮긴이 / 김효신

한국외국어대학교 이탈리아어과 및 동 대학원을 졸업하고 페루자 대학 및 제노바 대학에서 수학했다. 영남대학교 국문학과 박사과정(비교문학전공)을 수료했으며, 현재 대구가톨릭대학교 이탈리아어과 교수로 재직 중이다. 저서로 『이탈리아 문학사』, 『세계 30대 시인선』이 있고, 「파솔리니의 시에 나타난 그리스도와 종교의 의미」 외 다수의 논문이 있다.

김상환

숭전대학교 영문과를 졸업하고 영남대학교에서 문학박사 학위를 받았다. 1981년 《월간문학》으로 등단하여 1990년 시집 『영혼의 닻』을 출간하였다. 「윤곤강 시 연구」, 「한국 근대 시론의 형성과 전개 양상에 관한 연구」 외 다수의 논문이 있다. 한국시학회 회원이며 현재 영남대학교 강사이자 대구가톨릭대학교 인문과학연구소 연구원으로 재직 중이다.

나채근

영남대학교 영어영문학과를 졸업하고 동 대학원에서 영문학박사 학위를 받았다. 「시어도어 드라이저 소설 연구」, 「드라이저와 엔트로피적 비전」 외 다수의 논문이 있다. 현재 영남대학교 강사이자 대구가톨릭대학교 인문과학연구소 연구원으로 재직 중이다.

세계시인선 13
칸초니에레

1판 1쇄 찍음 2004년 10월 1일
1판 1쇄 펴냄 2004년 10월 5일

지은이 프란체스코 페트라르카
옮긴이 김효신 외
펴낸이 박맹호
펴낸곳 (주)민음사

출판등록 1966.5.19. 제 16-490호
서울 강남구 신사동 506 강남출판문화센터 5층 (135-887)
대표전화 515-2000 / 팩시밀리 515-2007
www.minumsa.com

한국어 판 ⓒ (주)민음사, 2004. Printed in Seoul, Korea

값 6,000원

ISBN 89-374-1813-4 04880
ISBN 89-374-1800-2 (세트)